自由与联合

论 1707 年英格兰与苏格兰的议会联合

海国图志

西南大学海国图志书院主办

自由与联合

论1707年英格兰与苏格兰的议会联合

戴鹏飞　著

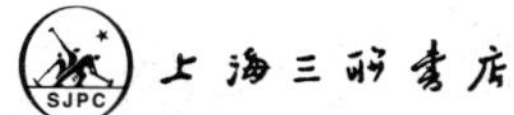

目录

第一章　导论与综述 …… 1

第一节　导论 …… 1

第二节　综述 …… 11

第二章　议会主权与英苏联合 …… 23

第一节　英国例外论 …… 23

第二节　戴雪的宪政叙事 …… 30

第三节　戴雪论英-苏联合 …… 46

第三章　征战时代 …… 55

第一节　从最早到苏格兰王国的形成 …… 55

第二节　封建化与王国的形成 …… 59

第三节　独立战争 …… 62

第四节　联姻、战争与新教革命 …… 66

第四章　王室的野心与挫折 …… 75

第一节　詹姆斯一世与1603至1607年的联合 …… 78

第二节　查理一世与“神圣联盟与约法” …… 97

第三节　克伦威尔联合 …… 120

第五章　自由帝国的前奏 …… 133

第一节　复辟与宪政革命 …… 135

第二节 达里安计划与英-苏关系的危机 …………………… 148
第三节 危机的缓和与 1707 年的议会联合 ………………… 160

尾论 ………………………………………………………… 175
参考文献 …………………………………………………… 179

第一章　导论与综述

第一节　导　　论

在现代主权国家形成之前，古代世界已经产生过两种基本政治单位：城邦与帝国："在古代世界，国家往往分成两个主要的类型：庞大的、整合有缺陷的帝国，以及小型的但高度统一的政治单元，如希腊城邦。"[1]帝国拥有庞大的领土，拥有强大军事力量，并且依靠军事征服手段获得领土，而其政治权力仅仅掌握在小部分人手上。城邦在规模上更加小型，但它更加统一，城邦公民都享有政治权力，例如古希腊爱琴海周边中的城邦。古代的帝国与城邦各有其优缺点。帝国虽然在军事上是强盛的，但在帝国政治组织过程中，只有小部分精英才能参与到帝国事业之中，臣民的自由以及对于帝国的忠诚始终会是一个极大的问题。换言之，臣民对于帝国政权合法性始终存有疑问，这样的帝国无疑是庞大而臃肿的。城邦虽然是一个比帝国更小的政治单元，无法同大帝国分庭抗礼，但每一个自由的城邦公民都能够平等地参与到城邦的政治事务之中。现在的主权国家虽然已经既不同于古代帝国，亦不再是城邦，但在某种程度上，它已经兼具了古代帝国与城邦的特点。现代欧洲任一主权国家，如法国或西班牙，在统治领域以及强大的军事力量和行政机器方面都堪比古代帝国。[2]不过同时，与古代帝国不同的是，在现代主权国家中，通过选票，民众已经能够更多地参与到政治中。

古希腊城邦最早发明了“公民”与“民主”的观念。“希腊人发明了当今世界两个最为重要的政治特征，一个是公民，而不是附庸，另外一个是民主。”[3]古希腊人在公元前 5 世纪左右完成了一项革命性的历史任务。自苏美尔人和埃及开始出现有记录的两千五百多年里，历史上所出现的每一个国家都是专制君主制。古希腊人的城邦革命一举带来了“一种新的政府形式……，没有国王，也没有上帝，只有公民自己建立的共和国。”[4]这些观念在今天仍然牵动世界历史脉搏律动的概念。

古希腊人是卓越的城邦公民，但却是失败的帝国创建者。帝国是罗马人的遗产。“扩张时罗马人的目的。”[5]然而，正如弗格森所言，“尽管罗马人的扩张成就非常突出，而且在巩固他们的权力、使帝国永久存续方面体现的政治智慧无与伦比，但我们仍必须承认，在战争、外交和统治技艺方面，他们是其先驱者——希腊人的继承者。”[6]罗马人只是用比雅典人更强大的实力，在更广阔的范围内从事帝国创建工作。罗马人的成功把雅典人已经开启了的帝国事业推到了顶峰。

因此，在某种程度上，城邦与帝国是一对对立的概念。在城邦之中，存在的是公民自由，公民通过担任官职而实现自治。在帝国之中，自由并不存在或不重要，重要的是帝国君主及其官僚机构的统治权力。因此，在自由国家向帝国发展的过程中，公民自由（*libertas*）与对帝国（*imperium*）权力之间将产生巨大的张力。[7]在 19 世纪，这种张力依然在考验着不列颠帝国人民的心灵。1860 年，理查德·柯布登问道：“正如希腊、罗马人在同亚洲接触之后就被败坏了一样，我们不是也有可能由于我们在东方所施行的专断政治原则对国内政治的影响而使我们本土变得腐败吗?”霍布森回答道：“何止是影响，事实上，帝国主义的精神、政策和方法根本上就是同民主自治政府背道而驰的。”[8]

事实上，公民自由与帝国权力之间的张力最早在雅典领导的希腊人同波斯人的战争中就有所体现。希罗多德撰述的《历史》绘声绘色地描绘过这种张力。而自由与帝国的张力在某种程度上也就演化成西方与东方之间的张力。并且，东西方的对抗正如古希腊人同波斯人的战争一样从一开始也就是海权与陆权的对抗。东方专制主义的形象在不同的时代由不同的陆上强权“帝国”担任，从古典希腊时代的波斯，到近现代的奥斯曼土耳其以及路易十四和拿破仑的法国。在这种张力的大背景下，西方海权力量为保存自身的自由，不得不采取了不同的联合形式，从古典时代雅典领导的城邦联盟到近代英格兰同苏格兰的联合，再到北美殖民地的联合。因此，这种张力也就塑造了西方世界不同时期的政治形式。英格兰与苏格兰的联合是在对抗路易十四法国专制主义的大背景下进行的，而英属美洲殖民地的联合则是为了对抗乔治三世这个“专制国王”。

雅典的经验:从城邦到帝国

从荷马史诗中可以推测，在黑暗时代初期，古希腊人便已经告别了君主制，君主制不再是希腊社会的普遍现象。早期希腊是一个由贵族主导的自由农民组成的社会。[9]同时，长老议事会和人民大会在荷马所描述的早期希腊世界中也已经存在。随着古希腊社会的发展，贵族与人民之间的冲突不断上演，古希腊城邦正是在这些冲突之后对自己的政治进行理性化变革与改革之后的产物。

就古典时期最具代表性的希腊城邦雅典而言，亚里士多德将城邦政治理性化变革与改革归之于梭伦这样的立法者以及像克里斯蒂尼这样的改革家。梭伦首先废除了人身债务，其次按照财产标准，将公民分为四个等级，前三个等级有担任城邦官吏的资格，最后一个等级不能担任城邦官职，只有参加公民大会的资格。[10]梭伦改革所具有的意义在于，他在一个财产形式已经发生了变动的社会废除了贵族对政治的垄断，增加了雅典城邦中新兴的财富阶层以及连带地也增加了下层民众的政治权力。这些新兴的财富阶层是在近百年间通过与东方以及其他殖民地进行贸易而逐渐成长起来的。同时梭伦的改革也将被土地贵族压迫在最底层的民众解放出来。“人口的增长，古代经济的扩张和瓦解，导致在土地上最贫困阶层中产生尖锐的社会紧张局势，他们常常是容易服从或隶属于贵族土地所有者的，现在处于新的过度紧张和不确定性的折磨之中。下层农村的不满者和上层新近富裕者结合起来的压力，迫使城市贵族统治的狭窄圈子崩溃。”[11] 梭伦的改革正是针对传统贵族统治与新兴财富阶层之间的矛盾。通过梭伦的改革，少数的前三个等级公民可以担任城邦重要官职，而大量的第四阶层民众则可以参加公民大会，公民大会成为城邦最主要的机构。雅典城邦的民主获得了最初的基础。然而，梭伦的改革并不能使雅典避免当时希腊社会盛行的僭主之风。不过，雅典僭政从其一开始就更少暴力反抗旧贵族，这也是由于在僭政开始之前梭伦进行了改革。梭伦使财产成为选举官职的基础，这就打破了世袭贵族对执政官和战神山议事会的垄断。经历了这一变革之后，世袭贵族之外的富裕与有影响的家族，如菲莱德和庇西斯特拉图家族，都能够担任官职。

长达几十年的僭政是一段强制的政治和平时期，在这段时间中，梭伦改革之前与之后困扰着雅典的贵族间的敌对完全消失了。有些家族像阿尔克蒙尼家族被流放了，其他家族比如菲莱德则继续同僭主合作，还有另一些贵族他们不敢反抗，因为他们的成员作为人质被扣押在纳克索斯。在这些年中，人们都凝聚在宪法之下，政治原则从出身到财富的艰难转换也和平地实现了。城邦的日渐繁荣使越来越多的人符合梭伦所确立的财产原则，达到许多官职的任职条件。这导致的普遍后果是政治上遇到的困难越来越大，而且获得政治经验的人群越来越广泛。因此，雅典在僭政之后，克里斯蒂尼的民主改革势在必行。

整个城邦经济的发展很大程度上促使了中间阶层的产生，他们有足够稳定的收入和闲暇投身于政治，因此，急需克里斯蒂尼的民主。庇西斯特拉图有能力借款给贫穷的农民，帮助他们从种植谷物转向种植更能获利的作物。因此，他解决了梭伦无法解决的经济困难，并在坚实的基础上建立了小农阶层，他们此后在雅典经济中继续担当着重要角色。同时，和所有其他僭主一样，他鼓励城邦的工业和商业发展。雅典开始建设宏伟的工程项目，这些工程为城邦未来的样子奠定了基础，同时也直接地为众多的工匠艺人以及其他许多商业贸易提供了工作机会。[12]

雅典在推翻了僭政，人民与贵族激烈的斗争之后，民众让克里斯蒂尼领导改革。他的改革主要用十个部落替代原来的四个部落，并把原来四百人的议事会增加至五百人，每个部落选举出五十人。[13]亚里士多德认为，由于克里斯蒂尼的这些改革，雅典的政制就比梭伦时期要民主得多。[14]“克里斯蒂尼创造了雅典此后两百年中存在的基本政府体系，在曾经设计过的政体中，那是最为民主的。”[15]经过了这些改革，城邦公民的直接民主已经变成最能代表古希腊人生活方式的典型，甚而变成古希腊人关于文明的一种身份认同。用亚里士多德的话来说，人区别与野兽与神明之所在，在于人自然就要过城邦的生活，人天然就是政治动物。城邦是野蛮与文明的分野所在。

克里斯蒂尼的改革奠定了古典时期雅典城邦民主政治的基础。但仅仅拥有古代最为出色的民主制度还不足以支持古典时期的雅典走向伟大，取得希波战争的胜利，获得希腊世界的领导权。正是在雅典的贸易、拉里昂的银矿以及地米斯托克利缔造的海军的支持下，雅典民主与自由的政体到伯里克利时代已经达到一个国家或城邦所能达到最辉煌的巅峰，成为一个海权帝国。这个帝国是以公元前 478 年在提洛岛缔结的“提洛同盟”为基础。爱琴海附近伊奥尼亚人的城邦一致同意接受雅典作为同盟的领袖，带领它们抵抗波斯人的入侵。随后通过结盟与征服，同盟的范围在不断扩大。[16]公元前 454 年，提洛同盟的中心金库已经被雅典所控制。公元前 450 年，与波斯达成和平协议后，雅典人拒绝了解散同盟的请求，这时雅典实际上已经转化为帝国。[17]这个帝国主要由一系列岛屿、半岛和海湾组成，距离雅典最远的有二百到二百五十英里，帝国的主要通道是海峡和湖泊。因此，只有通过一支强大的海军控制着海洋，帝国才能够加以维系的。[18]

在伯罗奔尼撒战争之后，随着盟邦的叛离，以及雅典海军让位于斯巴达海军，不再掌握制海权，帝国趋于衰落。这标志着以希腊城邦为主要细胞的帝国试验以失败告终。“从法律上看，帝国时代的雅典第一个明确将城邦努力统一在一个更大的整体中。”[19]因此，雅典的失败已经表明已城邦的民主与自由为代表的古典希腊文明达到了巅峰，因而也暴露出自身的缺陷。由于城邦自身的特性决定了它无法扩大公民权的范围，不能创造一种制度将同盟者都囊括在一个更大的统一政治体内。虽然雅典公民权在国内十分广泛，而在海外的非雅典人中却一直无法实行，因为一旦实行，它将与公民大会中的直接居住地民主产生矛盾。城邦民主的特性决定了它只能在一个很小的地理范围内实行。因此，尽管雅典统治具有民主色彩，但在伯里克利时期，帝国内部统治的“民主”基础必然在它的“同盟者”那里造成“独裁”统治。在雅典盟邦们看来，由民主雅典统治的帝国时代是充满压迫与专制的，雅典的帝国统治原则与雅典倡导的民主政体原则是相悖的。更加关键的是，伯里克利死后，雅典的政治家再没有一个能够像他一样得到城邦的敬重，成为城邦事实上的第一公民。城邦政治的内在逻辑孕育了雅典帝国的最终解体。

后帝国时代，对于雅典曾经的那些盟邦而言是自由的，她们可以都肆意地恢复各自古代宪法下的“自由”。但后帝国时代的这种所谓自由，也正是希腊城邦悲剧的根源。这点正如威廉·弗格森在“一战”(1913年)中悲怆地写道的那样：“对大多数普通的克制，如同在文明人类的历史上很少出现的情况那样，是缺位的，那从一种不受欢迎的理想变成一场阴谋的过程也就格外的突然，恢复中世纪希腊城邦特殊化以及受到过度赞扬的古代宪法的结果，让每个人都不满意。……希腊出现的政治反动所结出的苦果是：城邦对抗城邦的赤裸裸的战争，而不是帝国雄心指导下的大规模行动；空气中弥漫着阴谋与反阴谋，而过去一度劲吹的，是公民的稳定进步之风。”[20]奄奄一息的城邦文明已经无法为超出爱琴海地区的更广阔的世界提供答案。正是在这个帝国衰微的时代，产生了柏拉图与亚里士多德的作品，他们所做的工作也只是在文化上总结与反思古代希腊城邦的特性，乃至古希腊文明的特性。

然而，与其说这些伟大的天才思想家或文人总结出了古希腊城邦生活的伟大特性，不如说他们总结出了古希腊城邦生活的最大弊病。诚如弗格森所评论的那样，由于缺乏生活在雅典那种帝国式民主政治中的生活经历，这些伟大的天才已经像希腊一样，失去了持续地进行历史思考的能力。显然，从公元前5到前4世纪起作用的权力政治单元不再是单个城邦，而是多个城邦集体的事情，这些城邦或者稳定地团结在个人政权之下，如叙拉古的僭主，或者形成多个城邦的联盟与结盟的制度框架。而这些伟大的思想家们如柏拉图仍然在强调城邦的极端封闭与复古，如亚里士多德则强调古希腊城邦极端的自由倾向。“对亚里士多德来说，一个不是城邦的国家，是一个原始的、非常不完善的国家，如果没有了自由，那它根本就不是一个国家，所以，一个城邦可以有臣民，也就是说，是奴隶，但不能依附于他国。”[21]最优秀的思想家们沉迷于古代制度，试图恢复传统贵族时代的“优良政体”来应对一个完全发生了变化的世界。[22]

雅典城邦失败的帝国试验给世界历史留下了一个巨大的疑问，即自由是否只能局限于小国寡民的城邦这一“死胡同”，抑或庞大的帝国亦能享有政治的自由？

英国的经验：宪政分权与海权道路

在罗马帝国时期曾经统一的西欧政治版图在406年被北方游牧民族打碎了。除了罗马强大的教会体制，彪悍而自由的蛮族没有轻易地接受罗马帝国的制度遗产。面对强大的教会体制，蛮族不得不很快穿上了罗马帝国教会的法袍。除此之外，他们在经济、法律、政治上都并未继承或至少完全继承罗马帝国的遗产。这样，残存的罗马帝国的经济与政治体制与蛮族的综合就造就了西欧的封建制度。[23]

1066年，征服者诺曼将欧洲大陆的封建主义带到了英格兰。但是从此，封建主义在英格兰的土地上走上了一条异常特殊的道路。“如果现在谈论封建制度的话，就必须充分注意到，法国的封建主义迥然有别于英国的封建主义。……在所有国家中，英格兰是最封建化程度最高同时又是封建化最低的国家，征服者威廉在引进封建制度的同时也压制了封建制度。”[24]这与众不同的封建主义就成为英国政制上的例外论的历史基础，并从中结出了完全不同于欧洲大陆所结出的果实。在17、18世纪，英国在封建主义的历史基础上发展出了代表了现代政治文明的宪政体制，而欧洲大陆以法国为代表则走上了绝对主义国家的道路。与欧洲大陆国家不同，在曾经罗马帝国的边陲地带、“罗马化”程度最低的不列颠岛上，与欧陆绝对主义国家建设基本上同时进行的是另一场帝国创建工作。在这里，从封建王国到现代主权国家的转型经历了不一样的道路，这条道路的终点便是一个政治自由的国家。

孟德斯鸠是最早发现英国政体在政治自由这点上与众不同的外国作家之一。在《论法的精神》中，孟德斯鸠写道："世界上还有一个国家，它的政制的直接目的就是政治自由。"这个国家就是孟德斯鸠曾经访问过的英国。在孟德斯鸠看来，英国是通过立法、行政、司法这三种权力的分立与制衡实现政治自由的。英国在政制法律上的聚焦点是议会，即它在政治上依靠议会至高无上的主权进行统治——这点正如戴雪所阐述的那样。然而，在都铎王朝时期，议会在国家治理中并不具有重要的作用，国家治理可以依靠国王与枢密院进行。造成这种差别的是17世纪不列颠岛上发生的一系列革命。孟德斯鸠"三权分立"的分析实质是对英国1689年"光荣革命"之后所形成的以议会为中心的政治体系的抽象分析。英国本土作家传统上更习惯用"议会主权"这一术语形容孟德斯鸠描述的自由政体。

与此同时，在谈到雅典的海上霸权时，孟德斯鸠引用了色诺芬的一段话："雅典在海上称霸；但是阿提卡和大陆时连接着的，所以当雅典人出征远方的时候，雅典却受到敌人的蹂躏。……但是，假使雅典人居住的是一个岛屿，同时又控制了海洋的话，那末他们做着一天海洋的主人便将有一天的势力去扰害别人，而不致受到扰害。"孟德斯鸠接着做了一句简短的评论："你也许要想，色诺芬这里说的是英国吧！"[25]确实，孟德斯鸠在这里将英国与古代的雅典帝国相提并论绝非偶然。古往今来，无论雅典城邦还是18、19世纪的英国，自由事业总是与海洋相联系，它们的丰功伟绩都建立在对海洋的控制以及商业贸易上。

在孟德斯鸠看来，当时的英国与雅典最主要的差异在于，雅典还不是一个岛国，因此雅典在扩张时，面临着陆上威胁，而英国已经是一个岛国，因此是能够成为一个更加彻底的海权国家。也许孟德斯鸠并未注意到，英国之所以成为一个岛国是通过 1707 年英格兰与苏格兰的议会联合来实现的。18 世纪的英国为了成为一个岛国，并没有像斯巴达或罗马那样通过武力征服相邻国家的土地来完成，相反，它是通过 1707 年与苏格兰的议会联合而实现的。在联合之前，英格兰与苏格兰是各自独立的王国，尽管自 1603 年开始这两个王国就都拥戴同一个国王，实现了王室的联合，但王室的联合不尽完善，两个王国因此而产生了许多摩擦。通过 1707 年英格兰与苏格兰的联合，两个王国第一次实现了政治的联合，形成了统一的主权，变成了统一的一体。从此，如色诺芬描述雅典那样，英国具有了真正的岛国优势，为成为真正的海权国家奠定了基础。因此，1707 年英格兰与苏格兰的议会联合是英国宪政史上一件异常重要的事件。

同时，1707 年的联合同英国的宪政自由有着密切的关系。一方面，只有当英国经历了 17 世纪多重革命的洗礼，英格兰与苏格兰的政治格局都得到了改组，议会尤其是(英格兰)下院取得实质性的统治权后，英格兰与苏格兰的议会联合才更加迫切，也才具有可能性。同时，1707 年的联合关闭了在法国的斯图亚特党徒复辟的后门，在不稳定的“后革命时期”保存宪政革命的果实。

论文拟就对 1707 年英格兰与苏格兰两国之间签署的《联合法案》进行研究，希望以此为基础从政治法律理论与历史两个角度对 1707 年英格兰与苏格兰的议会联合进行阐释。论文以十八世纪英国为案例，核心关注点在于英国以议会主权为中心的宪政国家的形成过程，以及 1707 年英格兰与苏格兰议会联合得以实现的前提条件以及实现联合对于宪政自由的意义。之所以选择英国的原因不仅仅在于它最早成功地从封建王国转变成近现代的宪政国家，同时也由于英国转型中，将自己打造成一个海权帝国。在英国的转型过程中，1707 年英格兰与苏格兰的联合起到了异常独特的作用。通过此论文，笔者希望能够对宪政与海权国家的性质有更加清晰的理解。这些性质必须通过从政治、经济、法律、乃至宗教上加以理解。在政治上，它保障个人的自由，以议会主权(King in Parliament)为中心，议会而非国王个人在公共事务的决策上具有最终发言权；在经济上，它商业贸易而非土地为立国之本；在法律上，与议会主权密切联系的是，它强调法治(Rule of Law)；在宗教文化上，它以宗教自由与宗教宽容为基础。同时我们应当注意到，此后，海权帝国以及宪政自由的事业由现在的美利坚合众国加以继承。因此，应当说此项研究仍然具有现实意义。

1707 年英格兰与苏格兰的联合具有重要的意义，乃至不列颠盛极而衰时代的法学家戴雪在面对浩浩荡荡的爱尔兰自治与独立运动时，仍然在思索帝国政治初奠定时英格兰与苏格兰议会联合的盛景。

第二节 综 述

英格兰与苏格兰的联合在英国历史上具有重要的地位。因此，这一问题也有着十分悠久的历史撰述史。

在 1707 年英格兰与苏格兰最终实现议会联合很久之前，就有许多著作关注英格兰与苏格兰的联合问题。12 世纪时，蒙茅斯的杰弗里(Geoffrey of Monmouth)用拉丁文写了一部名叫《不列颠诸王史》[26](*Historia Regum Britanniae*)的著作。作者将不列颠的历史追溯到一个叫布鲁图斯(Brut)的人。他是罗马阿尔巴城创始人的私生子，被放逐到特洛伊，解救被希腊人奴役的特洛伊人，并带着被解救的特洛伊人来到了不列颠岛上。建造了城邦之后，布鲁图斯去世了，并将不列颠岛分给了他的三个儿子，长子继承了罗格里亚，次子得到威尔士，幼子分得苏格兰。虽然杰弗里对不列颠历史的这种诗意创作荒诞不经，但是，这部作品却发挥了异乎寻常的作用。爱德华一世曾经利用这部

“不列颠古史”作为他征服苏格兰的主要证据。

为了对抗英格兰的这个“特洛伊神话”，在 14 世纪七八十年代，苏格兰人富顿的约翰(John of Fordun)创作了一部苏格兰人的史诗《苏格兰民族纪事》(*Chronica gentis Scotorum*)。富顿的约翰把苏格兰人的历史追溯到一个叫盖瑟罗斯(Gathelos)的古希腊王子。他和埃及法老女儿斯珂塔(Scota)私奔，穿过地中海，来到了西班牙。他们的后代又通过爱尔兰最终来到了苏格兰，并于公元前 330 年创立了苏格兰王国。这个关于苏格兰王国起源的神话传说成为中世纪晚期赫克托耳·博伊斯(Hector Boece)、乔治·布坎南(George Buchanan)等人撰述苏格兰历史的基础。[27]

1521 年，苏格兰经院哲学家、史家约翰·梅约(John Mair)出版了一部《大不列颠史》(*Historia maioris Britanniae*)。在这部历史中，梅约批驳了英格兰与苏格兰关于民族起源的神话传说。布鲁图斯、盖瑟罗斯、斯珂塔这些传说不仅荒诞不经，更是助长了英格兰与苏格兰两个国家之间的分裂与冲突，对整个不列颠岛的和平与繁荣是有害的。梅约认为，英格兰与苏格兰人民都应当抛弃各自的神话传说，为了不列颠岛的共同利益而统一在一起。不过，梅约依然坚守苏格兰独立的主权。他认为，英格兰与苏格兰实现联合最好的是两个王国王室的联姻，最终将实现一个统一的不列颠王朝。这个统一的不列颠王朝将有助于保卫英格兰与苏格兰人民的利益，压服岛上强横的贵族的自私自利。[28]可以说，梅约宣扬的正是亨利七世的明智政策。不过，虽然亨利七世的联姻政策在百年之后结出了果实，即 1603 年苏格兰的詹姆斯六世继承英格兰王位，成为英格兰的詹姆斯一世，实现了王室的联合，但这一联合带来的结果并不如梅约所预料的那么美好。然而，仅就不列颠岛应有一个统一的主权压服贵族，使他们不侵害民众利益这点来说，1707 年的议会联合倒是很好地实现了梅约预想。只是，生在 16

世纪初期的梅约，无论如何也想象不到 17 世纪那些动荡的革命岁月，想不到王室的主权有一天会旁落议会。

新教的兴起也促使一些苏格兰人设想通过共同的新教利益来统一英格兰与苏格兰。苏格兰宗教改革时期的著名人物约翰·诺克斯(John Knox)希望通过英格兰王室与苏格兰王室的联姻而帮助苏格兰实现宗教革新。当亨利八世推动的让爱德华六世娶苏格兰女王玛丽的计划失败后，诺克斯仍然渴望两国的某种亲善能够有助于改革苏格兰教会。在《苏格兰教会改革史》(*History of the Reformation of the Church of Scotland*)一书中，诺克斯将苏格兰新教徒的历史仅仅追溯到苏格兰罗拉派(Kyle of Lollards)。[29] 与此同时，乔治·布坎南则创造了独特的新教起源论。他认为，苏格兰的新教不仅从理念上，甚至在长老会制度这一点上都应当源自最古老的凯尔特教会。凯尔特教会的创立和罗马教会没有任何关系，凯尔特教会也不是由主教管理，而是由最古老的凯尔特教士库迪们(Culdees)管理的。[30] 由此，苏格兰长老会就获得了独立于英格兰新教的理论基础。1603 年詹姆斯继承英格兰王位之后，苏格兰教士约翰·戈登(John Gordon)在《大不列颠的统一——论英格兰与苏格兰宗教统一实现的福利》(*The Union of Great Brittaine, or England and Scotland's happiness in being reduced to unitie religion*)一书中认为，统一的不列颠的神圣天命(divine destiny)就是要将分裂的教会统一。苏格兰法学家、大臣罗伯特·潘德(Robert Pont)在《论大不列颠的统一》(*De Unione Britanniae*)一书中也认为，上帝的天意注定了英格兰与苏格兰要实现更加紧密的联合。这些作家都从天定命运的角度论述了英格兰与苏格兰的统一。他们认为，偶像崇拜与迷信是导致英格兰与苏格兰长期隔阂的根本原因。

1604 年，苏格兰著名的法学家托马斯·克雷格(Thomas Craig)出版了《论不列颠统一的王权》(*De unione regnorum Britanniae*)，作为一名法学家也是詹姆斯一世的主要大臣，克雷格从法律、制度以及历史等多个方面对英格兰与苏格兰的联合进行了论述。克雷格认为，英格兰与苏格兰两国由于长久的敌对给两国都带来了极大的伤害与灾难。由于缺乏统一，古代的不立吞人被罗马人征服，而之后的政治分裂又导致不列颠岛被撒克逊人、丹麦人和诺曼人征服。然而，不列颠注定是要统一起来的，它有着天然的岛国优势，并且有着基本上类似的法律以及同样的语言。[31]

18世纪初，当议会联合谈判正如火如荼进行之际，苏格兰最鲜明地反对议会联合的是索尔顿的安德鲁·弗莱切（Andrew Fletcher of Salton）、詹姆斯·霍奇斯（James Hodges）和乔治·里德帕思（George Ridpath）。霍启斯和里德帕思反对通过统一的议会统一不列颠，他们更倾向于按照邦联的形式联合英格兰与苏格兰。霍奇斯反对议会联合的主要是为了保证苏格兰长老会教会的安全，使其不受安立甘宗的影响。里德帕思支持议会联合，同时应当保留苏格兰议会。这样，共同的不列颠议会可以处理两国共同的事务，而苏格兰议会则可以处理苏格兰自身的事务。弗莱切提出的则完全是一个近乎乌托邦似的设想。他希望将欧洲重组成一些大小适度的国家，然后由这些国家组成几个联盟。[32]

1707年议会联合实现之后，英格兰与苏格兰的作者们从不同的视角出发对联合的历史都进行了深入的研究与撰述。议会联合后，最早一本关于英格兰与苏格兰联合的历史著作是丹尼尔·笛福的《英格兰史——自安妮女王登基至英格兰与苏格兰伟大的合并条约结束》（*The History of England from the beginning of the reign of Queen Anne, to the conclusion of the Glorious Treaty of Union between England and Scotland*）。这本书出版于1707年，笛福将英格兰与苏格兰的联合视为是英国在西班牙王位继承战争中对抗路易十四所经历一系列的海上与陆上斗争、战争的最高潮。1709 年，笛福又出版了专门记述这次联合过程历史的著作《大不列颠联合史》（*The History of the Union of Great Britain*）。该书详细地记述了两个王国实现联合的过程，尤其关注合并条约在苏格兰议会的讨论与通过，以及合并条约在苏格兰引起的民众的反弹。笛福的著作具有重要的历史价值，因为笛福基本上亲自见证了这次联合，作为英格兰大臣派往苏格兰议会动向的人员，对英格兰与苏格兰的议会联合他有着更加真切的认知。[33]

1714 年，乔治·洛克哈特（George Lockhart）出版了《苏格兰事务回忆录——自安妮女王登基至联合开始》（*Memoirs concerning the Affairs of Scotland from Queen Anne's accession to the Throne, to the Commencement of the Union*）。作者是流亡在外的詹姆斯党人（Jacobites）的热心支持者，同时也是 1706 年联合谈判苏格兰方面的代表之一，并且在联合之后，作为来自苏格兰的议员出席不列颠议会。作者认为，英格兰方面为了使议会联合能够获得苏格兰议会的通过，在此之前就给了 20 000 英镑给苏格兰。洛克哈特最早将两国议会联合归因于英格兰方面贿赂。同时，洛克哈特的著作也更加关注联合通过时，苏格兰议会内部党派分歧和斗争。[34]

1734 年，索尔兹伯里主教吉尔伯特·博内特（Gilbert Burnet）出版了《博内特主教时代的历史》（*Bishop Burnet's History of His Own Time*）。在博内特的历史的第二卷中，作者认为英格兰与苏格兰的议会联合关闭上法国通过扶持詹姆斯党人而入侵英格兰的后门。与此同时，这次联合也补偿了苏格兰人殖民冒险活动达里安计划失败而导致的损失，因为苏格兰人的失败更多地是由于威廉国王考虑英格兰的利益不愿意援助苏格兰人导致的。此外，议会联合的成功也使苏格兰人不再受苏格兰贵族的专断统治。[35]

这些历史文献是关于 1707 年英格兰与苏格兰联合的基本文献。

这些文献都从作者不同的政治立场与观点对这次联合进行了论述。但不论是辉格党人的视角还是托利党人的视角,这些文献都是以盎格鲁中心的视角对英苏联合进行审视与论述的。

苏格兰人托比阿斯·斯摩莱特(Tobias Smollett)出版的《英格兰史》(*History of England*)标志着从盎格鲁中心到盎格鲁-不列颠视角的转变。此后又有一批苏格兰作家,如威廉·罗伯特森从苏格兰的角度对联合进行了审视。[36]

此后,在1800年爱尔兰与不列颠进行联合前夕,"爱尔兰问题"激起了许多学者重新探讨1707年英格兰与苏格兰的联合进,产生了许多著作,如德罗姆(John Lewis de Lolme)的《欧洲的不列颠帝国》(*The British Empire in Europe*)、卡宁汉姆(Alexander Cunningham)的《大不列颠史——从1688年光荣革命到乔治一世继位》(*The History of Great Britain from the Revolution in 1688 to the Accession of George the First*)。这些作家都希望从这次联合中为爱尔兰与不列颠的联合提供更多的借鉴。[37]

到格莱斯顿提出"自治法案"(Home Rule Bill)以及爱尔兰自治问题激烈争辩的时代,英国又产生了许多思考英格兰与苏格兰联合的著作,如麦金农(James Mackinnon)的《英格兰与苏格兰联合》(*The Union of England and Scotland*),以及戴雪和雷特(Robert Rait)合著的《思索英格兰与苏格兰的联合》(*Thoughts on the Union between England and Scotland*)。作为法学家和历史家合著的作品,戴雪和雷特的书与之前作者的著作一个巨大的不同之处:他们详细地从宪政结构的角度上对英格兰与苏格兰的联合进行了论述,尤其强调了光荣革命前后苏格兰议会的转变,即从一个非主权性议会转变成主权性议会,从而为英格兰与苏格兰的联合奠定了基础。[38]相对于戴雪用了一本书的篇幅来讨论英格兰与苏格兰的联合问题,梅特兰对联合问题关注得并不多。在近

600页的《英格兰宪政史》中，他只用了两段话不到一页的篇幅谈论英格兰与苏格兰联合的问题，谈到联合对于两国法律的影响。随着《英宪精义》在国内的出版，国内法学界对戴雪关于英国宪法原则的论述已有所了解；而对于戴雪关于英格兰与苏格兰联合的讨论，及其与英国宪法原则之间的关系，则少有人论及。而缺少了戴雪关于英格兰与苏格兰议会联合的论述，对戴雪宪法思想，乃至对英国宪法原则及其发展历程的理解，都将会受到一定程度的影响。

20世纪60年代以来，随着不列颠帝国以及帝国意识的衰落，取而代之的福利国家思潮，产生了一些从政治经济学、社会文化等角度论述英格兰与苏格兰联合问题的著作，如克里斯托弗·斯莫特（Christopher Smout）的《联合前夕苏格兰的贸易》（*Scottish Trade on the Eve of Union, 1660–1707*）、达绮思（Daiches）的《苏格兰与联合》（*Scotland and the Union*）。这些著作从政治经济学、民族文化等方面对英格兰与苏格兰的议会联合做出看新的解释。在当时的环境下，这些论著都对政府的经济与文化政策产生了影响。

20世纪八九十年代以来，随着1997年"权力下放"苏格兰议会重新召开，并在一定程度上对苏格兰地方事务拥有自主权，英语学界对英格兰与苏格兰联合的研究方法与视角也得到了更新，又产生了许多令人耳目一新的论著。例如，罗伯特森（J. Robertson）的《为帝国而联合》（*A Union for Empire: Political Thought and the British Union, Cambridge*）、阿米塔奇（D. Armitage）的《不列颠帝国的意识形态根源》（*The Ideological Origins of the British Empire*）、沃特蕾（C.A. Whatley）的《金钱交易——解释1707年联合》（*Bought and Sold for English Gold? Explaining the Union of 1707*）、麦金尼斯（Allan I. Macinnes）的《联合与帝国——1707年联合王国的缔造》（*Union and Empire: The Making of the United Kingdom in 1707*）。

1707 年英格兰与苏格兰的议会联合对于英国近现代国家形成以及宪政制度的确立具有重要的意义。因此，近 300 年来，英国产生了大量的论著与论文，争辩联合的性质与意义。相较于英国而言，目前国内对英格兰与苏格兰联合的研究并不充分，产生了若干篇论文以及 2003 年东北师范大学赵立新的博士论文《近代早期英格兰与苏格兰联合问题研究》。2007 年，《世界民族》杂志第 4 期刊登王磊题为"1707 年英格兰与苏格兰合并及其启示"的文章，主要简短地介绍了英格兰与苏格兰联合的过程以及对中国的启示。2011 年《史学集刊》杂志第 2 期刊载了李丽颖题为"英格兰与苏格兰合并的历史渊源"一文。该文简略地介绍了英格兰与苏格兰联合的一些历史背景，以及促成两国联合的一些原因，其中触及到了革命以及议会主权问题。2011 年《世界宗教研究》杂志刊登了李丽颖的"英格兰与苏格兰合并过程中的宗教问题"一文，主要讨论了两国合并过程中碰到的宗教问题，以及解决的办法。赵立新的博士论文从经济、政治、法律、宗教等等许多个角度详讨论了英格兰与苏格兰联合中的一些问题，作者将英格兰与苏格兰联合放在"近代早期西欧民族国家形成"的历史框架下进行讨论。

国内关于英格兰与苏格兰联合的研究主要都未能进入到英国宪法原则的层面来对议会联合进行探讨。本文试图从宪法与宪制变迁的角度，以英国宪制根本特征的形成为视角对 1707 年英格兰与苏格兰的议会联合进行论述。随着东西方对抗的持续进行以及国家政制和边疆问题的发展，英国的宪政经验以及 1707 年英格兰与苏格兰的议会联合必定将提供更多有益的借鉴。

在上述国内外众多关于英格兰与苏格兰联合的著作中，戴雪与雷特的著作《思索英格兰与苏格兰的联合》尤其值得重视，该书是唯一一本兼具法学家视野与历史学家视野的著作。本文将依托戴雪对英宪原则以及苏格兰联合的论述为基础，以近代英国"议会主权"的宪政制度为视角，阐述英格兰与苏格兰议会联合的实现。本文将分为以下六个部分：一、导论与综述；二、戴雪论议会主权与英格兰、苏格兰的议会联合——简析戴雪的宪政理论，简要分析戴雪的议会主权理论及其同英格兰与苏格兰联合之间的关系；三、1603 年王室联合前英格兰与苏格兰关系辨析，简要地分析王室联合前英格兰与苏格兰之间的关系；四、王室联合（1603－1660）下的宪政变迁与三次英苏联合，分析了王室联合下王室试图实现英格兰与苏格兰政治统一的野心及其面对议会对宪政体制提出挑战时所遭受的挫折；五、议会主权的实现与 1707 年的议会联合，分析了 1689 年宪政革命对英格兰与苏格兰的影响，以及在议会主权体制下，英格兰与苏格兰为联合而进行的努力与斗争；六、尾论。

作为英国维多利亚时期最著名的宪法学家，国内人们通过一百多年前雷宾南先生的译著《英宪精义》，已经对戴雪的宪法思想有所了解。但是，对戴雪的理解如果仅仅限于《英宪精义》一书，并未涉及戴雪的其余著作，对戴雪宪法思想的理解仍然是有一定局限的。本文第二章将结合英国的政治理论传统以及戴雪的《思索英格兰与苏格兰的联合》一书，对戴雪宪法思想做更详细论述。

注释

1. [美]约瑟夫·斯特雷耶：《现代国家的起源》，宗福常等译，上海：格致出版社，2011 年，第 6 页。

2. 15 世纪以来，地中海世界城邦逐渐消失，领土国家逐渐产生并通过扩张成为近代各个帝国。参见[法]费尔南·布罗代尔：《地中海与菲利普二世时代的地中海世界》（卷二），唐家龙、吴模信等译，北京：商务印书馆，1996 年，第一章。

3. [英]芬纳：《统治史》（卷一），马百亮、王震译，上海：华东师范大学出版社，2010 年，第 72 页。

4. 同上引,第180页。

5. [法]孟德斯鸠:《论法的精神》(上),张雁深译,北京:商务印书馆,1982年,第153页。

6. [英]弗格森:《希腊帝国主义》,晏绍祥译,上海:三联书店,2005年,第3页。

7. 应当说,在罗马抵挡不住东方的诱惑同东方接触之前,罗马的共和制度以及元首制度都并非纯正的帝国体制。元首仍然只不过是第一公民。彻底的服从只有借助东方神权观念才能实现。

8. David Armitage, *The Ideological Origins of the British Empire, London,* Cambridge University Press, 2000, pp.11 - 12.

9. [英]奥斯温·默里:《早期希腊》(第2版),晏绍祥译,上海:上海人民出版社,2008年,第49 - 56页。

10. [古希腊]亚里士多德:《雅典政制》,日知、力野译,上海:上海人民出版社,2011年,第20 - 30页。

11. [英]安德森:《从古代到封建主义的过渡》,郭方、刘健译,上海:上海人民出版社,2011年,第22页。

12. 从这点上说,僭主的出现对于雅典的民主无疑具有极其重要的作用,他培育了一个足够强大稳定的中间阶层,良好的民主制度最终定型在社会层面正必须拥有这个强大的中间层。Mary White, "Greek Tyranny", *Phoenix*, Vol.9, No.1(Spring, 1955), pp.1 - 18.

13. [古希腊]亚里士多德:《雅典政制》,p.25 - 26。

14. 同上引,第26页。

15. [英]奥斯温·默里:《早期希腊》,第268页。

16. [美]戴维斯,《民主政治与古典希腊》,黄洋、宋可即译,上海:上海人民出版社,2010年,第45页。

17. [英]安德森:《从古代到封建主义的过渡》,第32页。

18. [英]弗格森:《希腊帝国主义》,第23页。

19. 同上引,第16页。

20. 同上引,第52页。

21. 同上引,第59页。

22. 正是出于对文艺复兴时期意大利城邦所具有的这些弊病的憎恨，马基雅维利写出了最著名的讽刺作品《君主论》。毫无疑问，这是一部关于君主统治权力的作品，也是一部关于帝国技艺的作品，它旨在拯救意大利城邦免于分崩离析，旨在克服城邦的弊病。不过，马基雅维利本人对于帝国的道德目标并不太顾及。

23. 参阅安德森：《从古代到封建主义的过渡》，郭方、刘健译，上海：上海人民出版社，2011 年。

24. [英]梅特兰：《英格兰宪政史》，李红海译，北京：中国政法大学出版社，2010 年，第 94 页。

25. [法]孟德斯鸠：《论法的精神》（下），张雁深译，北京：商务印书馆，1982 年，第 38 页。

26. Geoffrey of Monmouth, *Historia Regum Britanniae*.中译本可参阅[英]杰佛里：《不列颠诸王史》，陈默译，广西师范大学出版社，2009 年。

27. Colin Kidd, *Union and Unionisms: Political Thought in Scotland, 1500 - 2000*, London: Cambridge University Press, 2008, pp.40 - 41.

28. John Mair, *A History of Greater Britain*, translated by A. Constable, Scottish History Society, Edinburgh, 1892, pp.1 - 4.

29. Colin Kidd, *Union and Unionisms,* pp.49 - 51.罗拉派起源于 14 世纪中期英格兰的威克里夫追随者。

30. Ibid. p.52.

31. Thomas Craig, *De unione regnorum Britanniae tractatus,* translated by C.S. Terry, Scottish History Society, Edinburgh, 1909.

32. James Hodges, *The rights and interests of the two British monarchies*; Andrew Fletcher, *Account of a conversation*; George Ridpath, *Considerations upon the union of the two kingdoms*; Cf. Colin Kidd, *Union and Unionism*, pp.68 - 73.

33. Daniel Defoe, *The History of England from the beginning of the reign of Queen Anne, to the conclusion of the Glorious Treaty of the Union between England and Scotland*; *The History of the Union of Great Britain*.参见 Allan Macinnes, *Union and Empire: the Making of the United Kingdom in 1707*, London: Cambridge University Press, 2007, pp.12 - 13。

34. George Lockhart, *Memoirs concerning the Affairs of Scotland, from Queen Anne's Accession to the Throne, to the commencement of the Union of the Two Kingdom of Scotland and England in May 1707*.

35. Gilbert Burnet, *Bishop Burnet's History of His Own Time*.参见 Allan Macinnes, *Union and Empire*, p.15。

36. Tobias Smollett, *The History of England from the Revolution to the death of George the Second*.参见 Allan Macinnes, *Union and Empire*, pp.17－23。

37. John Lewis de Lolme, *The British Empire in Europe*. Alexander Cunningham, *The History of Great Britain from the Revolution in 1688 to the Accession of George the First*.参见 Allan Macinnes, *Union and Empire*, pp.24－9。

38. A.V. Dicey and Robert Rait, *Thoughts on the Union between England and Scotland*.中文版参见戴雪、雷特著,戴鹏飞译,《思索英格兰与苏格兰的联合》,上海三联书店出版社,2016年11月。

第二章 戴雪论议会主权与英格兰-苏格兰联合
——简析戴雪的宪政理论

第一节 英国例外论

在《英宪精义》中，戴雪将英国宪法的主要特征归结为“巴力门主权”，即议会主权原则。[1]然而，议会主权原则并非戴雪学术上的生造，它不仅在事实上是一项悠久的政治传统，同时在理论上也有着悠久的学说传统。并且，英国人一直以来都以议会主权这一传统引以为豪的。上世纪中叶，在一本论述中世纪英格兰议会史的著作中英国议会史学家塞尔斯(G.O. Sayles)曾如是写道：

“正如我们今天仍然记得雅典与罗马，并不因她们建立的帝国转瞬即逝而将其遗忘，因为它们在艺术、哲学和法学做出了永恒的贡献；同样对于英格兰，虽然如今已失去了帝国，但她的荣耀依然光彩照人，因为她发展出来的普通法如今已遍及大半个世界，并且从她过去那些丰富的政治实验中，人们最终实现了一个运行良好的民主。”[2]

作者的骄傲与失落之情都跃然于纸上。在18、19世纪，英格兰曾经建立了一个可以同罗马相提并论，甚至超越罗马的伟大帝国。“二战”后，英格兰建立的这个帝国确确实实已经失落了，但由于自身发展出来的独特的普通法以及长久政治经验中逐渐形成的自由政体，她依然像曾经的雅典与罗马一样值得人们纪念。维系这个帝国的政体就是曾经令孟德斯鸠深羡不已的英国“自由政体”，她先后抗击、摧毁了路易十四、拿破仑的野心与统治，从而缔造了一个以商业而非武力征服为基础的现代自由帝国。[3]这种英国人世世代代为之骄傲与自豪的传统，可以称之为英国例外论。在政治理论上承载英国例外论的便是以议会为基础的政体，并逐渐地发展出议会主权理论。

都铎王朝之前，布拉克顿与福蒂斯丘爵士（Sir John Fortescue）都对英国政制有所论述。布拉克顿认为，英国国王虽然高于任何人，但并不是绝对的，仍然处于上帝与法律之下。布拉克顿之后，福蒂斯丘更加详尽地描述了英国政体的独特特征。福蒂斯丘将英国政制与法国政制对比，详细地论述了英国的政体特殊性。他将王国区分为两种，一种是绝对专制王国（*dominium regale*），国王可以凭借自己的意志制定法律统治人民，而且只要他愿意，便可以随意向人们征税和别的赋役，无需人民的同意。在法国的流亡经历告诉他，法国就属于这种绝对专制王国。另一种是“君民共治”的王国（*dominium politicum et regale*），国王不能未经民众同意就制定法律统治他们，也不能未经民众同意就向他们征税。英国就属于这第二种“王室且政治”的政体。[4]福蒂斯丘认为，这种政体受良好法律统治的政制，而不是凭君主意志统治的政制。无论福蒂斯丘关于 14 世纪英国与法国实际政治的描述是否准确，他的论述凸显了英格兰政治的一大特征，英国在中世纪时就已经存在一种建立在封建习俗和传统惯例基础上的有效的中央集权体制，在此体系下，英国国王必须通过议会的同意来制定法律，批准征税，议会是对王权的有效制约。

福蒂斯丘论述了英国政制的独特性，但最早对议会主权这一理论做出确切论述的要数托马斯·史密斯。福蒂斯丘说明了英国国王的统治不能单独依靠自己的意志，还必须取得议会的同意，这点是英国政制相对于法国与众不同的地方。但在福蒂斯丘时代，王权的发展仍然没有逃出封建王权的窠臼，福蒂斯丘没有都铎王朝君主统治的经历，因而并没有阐述"王在议会"(King in Parliament)的迫切性。托马斯·史密斯历经了亨利八世、玛丽、威廉及伊丽莎白各朝的统治，在亨利八世成为宫廷重臣，逃过了血腥玛丽的迫害，到伊丽莎白统治时又出任国务秘书。在《论英格兰共和国》一书中，史密斯写道："英格兰王国最高和绝对的(absolute)权力存在于议会中。正如在战争之时，国王自身、贵族、其余的绅士以及自由民他们就是英格兰的实力与力量。而在和平与枢议(consultation)时期，国王使最后及最高的命令生效，贵族作为贵族院这一共和国更高组成部分的成员，骑士、显贵、士绅则作为共和国较低组成部分的成员，主教们代表教士；他们出席议会，提供建议、咨询，论争什么对于共和国是善的以及必要的；他们一同在各自议院中讨论，对提交的每一个争论的议案及法律做出深思熟虑的建议；其他两个部分各自进行，之后国王自己出席两院，同意并通过法案。这就是国王以及整个王国的行动：在此，没有人能正当地抱怨，他只有反省调整自己，然后发现议会决议的有利之处，并遵守它。

"经其同意之所作所为将被视为有强制性、永恒性和合法性，会被视为法律。议会可以取缔旧法、制定新法……简言之，所有罗马人曾经可以在百人团大会或特里布斯中做的事，现在都可以由英格兰议会完成，它代表并拥有整个王国(无论是国王还是平民)的权力。因为每一个英格兰人都被视为或者是亲自或者是通过代理人出席了议会，从国王(无论是国王还是王后)到最底层的人，无论其身份、地位、荣誉如何。议会的同意即被视为每个人的同意。"[5]

议会包括国王、贵族、骑士、显贵、士绅以及主教，他们是全国各个阶层的代表，因而议会代表了并拥有整个王国的权力。因此，议会拥有绝对与最高的权力，即议会主权。这是英格兰作家第一次对近代意义上的主权观念做出明确的理论阐述。

值得注意的是，几乎与此同时，法国作家博丹也在同样的意义上定义了主权概念，只不过他认为，英国的主权属于国王一人。在他的经典作品《共和国六书》中，博丹认为，主权不仅是绝对的而且是不可分割的，主权无论在其力量、功能或者行使时间上都不应当受任何限制。在博丹看来，像英格兰这样想把君主制、民主制和贵族制混合在一起简直不可能，并且显得荒谬可笑。特别考察了英格兰议会之后，他发现，英格兰的主权不可分割地属于国王，议会各等级只不过是旁观者，并不能改变君主主权这一事实。16世纪大陆哲学家阐发的绝对主权思想对当时英国人的思想构成了一种挑战。

托马斯·史密斯在法国学习以及后来作为伊丽莎白女王出使法国的过程中一定对博丹及其作品有所了解。托马斯·史密斯想要向法国人表明，英格兰的国王并不是绝对的，相反，英国议会拥有巨大的权威，至少就像法国国王拥有的权威至高无上。托马斯·史密斯曾经是剑桥大学的第一位罗马法教授，而不是普通法律师，他很熟悉罗马法上关于主权属于帝国皇帝的格言。不过，他不像普遍的罗马法学者那样，认为主权属于国王一人，而是坚称议会中的国王（King in Parliament）才拥有主权。托马斯·史密斯的明智观点在两个方面都被忽视了。一方面是当时议会中的律师们，他们的观点认为，不仅国王必须从属于法律，而且法律时常也高于议会。另一方面是主张绝对君权的人们。这两股力量直面相对时，正如梅特兰所说的那样，“暴风雨即将来临”。

正如托马斯·斯密斯所论述的那样，17世纪开始时的英国人对自身在君主与民众之间实现平衡的政制颇感自豪。这种平衡体现在国王特权与人民的自由之间以及国王对臣民承担的义务和臣民宣誓对国王的忠诚之间的平衡。国王对臣民承担的义务体现在，加冕礼上国王宣誓要遵守王国的习俗、保卫臣民的自由，而臣民对君主的忠诚则体现在臣民们宣誓承认国王的最高权威，并效忠于他。因此，英国国王虽然是世袭君主制，但它并非纯粹意义上的君主制，因为国王的权力要受到王国法律与习俗的限制，并且在立法与征税等重要领域，国王必须同议会合作才能运用自己的权力。而议会则由君主、上院的世俗、宗教贵族以及下院的士绅、市民代表所组成。因此，正如托马斯·斯密斯论述的那样，在英国人看来，英国政府是一种混合君主制，它融合了君主制、贵族制和民主制的众多优点，而避免了它们各自的缺点。

但在实践中，当苏格兰的詹姆斯六世继都铎王朝之大统入主英格兰时，英国政制并未实现均衡。国王的权力与特权依然很大，未得到限制。都铎王朝试图在英国建立绝对主义君权，议会无论上院还是下院都沦为君主任意的工具。休谟在论述斯图亚特王朝开始时英国政体的特点时说："英国的政体比现在更武断。王室特权受到的限制更少，臣民的自由更缺乏清晰的边界和安全的保障。……仅仅钦使法庭和星室法庭就足以将整个王国的生杀予夺职权交给君主随心所欲地判断。"[6]另一方面，议会的权威极其有限，议会的召集、休会和解散都必须听命于国王，没有国王的同意，议会的任何法案都无法成为法律。而且法律的执行也必须依赖国王及其法庭，国王可以任意地废弃或中止某部法律的执行。此外，国王还可以随意创设贵族与主教，可以用特许令状创设新的自治市向议会选送议员。因此，面对国王，议会要实现其主权要求将极其困难。

这些困难在接下来的一个时代里被体现得淋漓尽致。英国经历了一个充满危机的 17 世纪，内战、革命、复辟与再次革命接连上演。政制的失衡状态在经历了这些纷争之后得以扭转。在这些事件中，最核心的争执便是关于主权归属的争执。在论述这一阶段时，梅特兰认为在当时英国的政治中，对于主权的争夺主要在三者之中进行：国王、议会中的国王(King in Parliament)、法律。[7]在反复的斗争之后，议会主权从理论落实到英国政治实践中。经过17世纪的纷争之后，国王的特权再不是任意的，人民的自由也不再是含混的，它们都得到议会法案尤其是《权利法案》的明确界定。“光荣革命”确立了议会中的国王(King in Parliament)的主权地位，即确立了议会主权地位，拒绝承认单单国王是英国的主权者。1689年通过的《权利法案》将《权利宣言》中大部分的内容都确立为法律。这部法案限制了王位继承，限制了国王的特权，尤其是国王任意中止议会立法的权力。这部法案为议会享有最高主权确立了基础。

英格兰议会的主权地位至此得以实现。许多作家将“光荣革命”的成功归于它的保守性质。在《英国史》中，著名的辉格派史学家麦考雷写道：“王室之花丝毫未受折损，也没有任何一项新的权利被授予人民。英格兰全部的法律，无论在实质上还是形式上，在革命后都和革命前几乎丝毫未变。”[8]然而“光荣革命”确实依然是一场革命，通过这场革命，议会在一场争夺主权的斗争中取得了最后的胜利。议会拥立了一位新的国王，为国王的权力划定了确切的范围，并恢复了英国人古老的自由。议会成功地以历史性的主张实现了革命的理想。事实也确实如此，至少在表面上，英国议会仍然和托马斯·斯密斯论述的议会如出一辙，仍然由君主、贵族和平民组成。但是历经了革命、共和、复辟与再次革命之后，议会主权内涵已经发生了更动。议会主权压服了斯图亚特王朝君主们“神圣君权”的理论，也废弃了共和时期更加激进的“人民主权”理论。议会主权事实上意味着有限的君主、有限的贵族和有限的平民，也就是说，在英国无论是君主、贵族还是平民，谁都无法取得至高无上的地位，关于政策与法律的决策不可能听凭任何一方单独的意志，体现其中的是人民与共同体整体的意见，或正如戴雪所言，是公共舆论。

可以看到，在这之前，关于英国政体之独特性的论述主要集中在英国政体能够限制国王的专断权力，国王必须受到法律的约束，而民众则拥有普通法律之下的自由。这一特征也吸引了孟德斯鸠的注意，引出了他关于英国宪法最著名又最有争议的分析。孟德斯鸠是较早注意到英国政制与众不同的一位外国作者之一。他将英国议会主权体制与法国波旁王朝的绝对主义君主制对比，从而得出三权分立是英国政体最重要特征的论断。[9]孟德斯鸠关于英国政体特征的论断遭受到白泽特论述内阁制的著作所驳斥。白泽特认为，英国宪制的精髓远非孟德斯鸠所谓的三权分立，相反，英宪的奥秘在于内阁制，它是联结下院和国王之间的连字符。[10]就孟德斯鸠三权分立理论本身而言，司法的力量也并未取得一种独立的地位，如果以普通法作为司法力量而言，在柯克之后，这股力量在对抗国王的斗争中已经偃旗息鼓，而就贵族院作为全国最高法院而言，它本身也仅仅只是议会的一个组成部分。

继孟德斯鸠之后，布莱克斯通细致地论述了英国宪政。布莱克斯通认为，英国宪制是一混合政制，混合了古代政治学者们承认的三种政府形式即君主制、贵族制与民主制各自有优点，集智慧、美德和力量于一身，因而是最佳的政体形式。[11]然而，布莱克斯通的政体理论被边沁严厉地批驳了，边沁认为，根据同样的逻辑，英国政制也可以被认为是集三种政体的各种缺点于一身，因而是“最软弱、最愚蠢和最不正直的”。[12]

相比于法国来说，封建时代的英国对绝对王权观念是相当陌生的，英国政治理论家们至多从英国的历史与实践中概括出反映英国政体特殊性的“议会主权”理论。“议会主权”一词实乃对英国政体之特殊性生动概括，是英国“例外论”的具体体现。

第二节 戴雪的宪法叙事

孟德斯鸠与布莱克斯通之后，19世纪对英宪原则最重要的分析包含在戴雪的作品之中。1885年，戴雪出版了《英宪精义》，此后多次再版，成为论述英国宪政精神的经典作品。戴雪的议会主权理论以奥斯丁的抽象法律理论为基础。戴雪是从法律与事实的角度对议会主权的理论进行阐述的，边沁与奥斯丁的实证法学是理解戴雪理论的根本前提。奥斯丁认为，主权者从不听命于任何人的命令，相反，一个政治体中所有人都必须服从主权者的命令，其命令便构成一个法律体系。奥斯丁认为，在一切法律体系中，有且只有一个立法权威，即主权者的权威。戴雪认为，在英国这个主权者就是议会（King-in-Parliament）。戴雪用主权的逻辑来概括威斯敏斯特议会的特点。现在，人们已经很难像戴雪那个时代的人们那样清楚地理解戴雪的理论，这其中理由大概在于，现在的人们往往会轻易地就断然否定奥斯丁的法律命令说，以及与之相关的主权理论。不过，戴雪是奥斯丁的崇拜者，在《英宪精义》阐述议会主权理论的段落中他就多次提到奥斯丁及其理论。[13]

戴雪将奥斯丁的法律主权理论具体应用于英国的历史与现实中，用以解释英国的宪制。因此，“议会主权”的历史背景与戴雪所处时代英国的现实状况就成为理解戴雪“议会主权”理论的根本基础。梅因认为，分析法学派体系的成功只有到时机成熟时才能够产生。霍布斯著作的产生得益于他所观察到的英格兰以及欧洲大陆封建、半封建社会的极速衰落，地方特权和司法特权急剧衰落，政府迅速中央集权化，秩序的唯一希望只能在君权中见到。边沁的写作时代恰逢法国法律法典化的大潮，法国法律的法典化由一个身为民主派的主权者开启，终于一个身为暴君的主权者。在奥斯丁写作的时代，英国议会对英国社会政治生活的控制已经与日俱增，并且英国民众对于通过议会改革而改善社会状况的愿望也在不断增强。[14]戴雪对“议会主权”的阐述在概念与方法上沿用了奥斯丁分析法学的概念与方法，其著作也是针对1880年代英国宪法的状况。

戴雪的宪政理论包含双重叙事，一方面是传统17、18世纪辉格派作家们所强调的宪政自由主义叙事，另一方面是宪政的帝国叙事。英国经历了17世纪的宪政动荡以及18世纪的稳定发展与扩张之后，到19世纪已经成为一个拥有许多殖民地的帝国。这个帝国在19世纪中后期尤其是格莱斯顿首相执政期间达到顶峰。《英宪精义》所要描述的就是这个时期不列颠帝国的宪政秩序。在帝国时代，宪法不仅具有保证宪政自由之功用，同时还必须维系帝国秩序或者说从宪法的角度阐释帝国秩序。因此，作为帝国时代的法学家，在阐发宪政理论时就必须同时关注其宪政自由与帝国秩序两个方面。

这两个方面分别包含在《英宪精义》阐发的两大原则之内：即议会主权与法治原则。议会主权是根本性与主导性原则，而法治原则在某种程度上则是辅助性原则。《英宪精义》开篇，戴雪即明确指出英国宪制最根本的特征就是议会主权。“自法律观察点立论，英国政治制度所有主要特性就是巴力门的主权。”详尽论述完议会主权原则之后，戴雪才转向法治原则。

戴雪的法治原则建立在普通法传统之上。法治所包含的各项内容，如对人身自由、言论自由、集会自由等等各项自由权利的保护均可在《大宪章》、《权利请愿书》、人身保护令状（Habeas Corpus）以及普通法的诸多判例中寻找到踪迹。然而，戴雪不同于一般普通法传统的特点在于，戴雪从《大宪章》、《权利请愿书》、人身保护令状以及诸多的判例中抽象出三项原则，它们构成了英国宪法法治原则的三项内涵。这三项内涵包括国内不存在专断的权力、法律之下人人平等、个人权利为立国之根本。[15]经过将普通法诸多判例抽象成这三项内涵，以普通法传统为基础的法治原则便同议会主权融会贯通起来。按戴雪的观点，法治有一必要之条件，即议会主权的存在。[16]由于议会必须由国王、贵族和平民院共同构成，且议会法案必得三方共同同意方可通过成为法律，这就保证了没有任一方（在历史的语境下即指国王）的意志能居于法律之上。在这个层面上，法治原则是议会主权原则的一个方面，而议会主权（King in Parliament）是17世纪议会两院同国王斗争之后所取得的结果。

如果说在十七、十八世纪议会主权的叙事更多地关注的是如何限制国王，保护公民的自由，到戴雪的时代，由于英国实力的扩张，所谓"英国"也早已从原先偏居一隅狭小的英格兰（Little England）发展成大不列颠（Great Britain），发展成横跨大西洋与印度洋的日不落帝国。那么，与此同时，关于议会主权的叙事也已经不再仅仅是辉格派的自由叙事，同时它还是帝国叙事。议会主权作为一种帝国叙事，这是戴雪宪政理论最重要的贡献。

1603年，苏格兰的詹姆斯六世继承英格兰王位成为英格兰的詹姆斯一世之后，虽然英格兰与苏格兰实现了王室的合并，但在法律上彼此依然是独立的王国；詹姆斯虽然试图更进一步实现两国议会的合并，但碍于英格兰议会下院的强烈反对，詹姆斯的意图无法实现。17世纪初的英格兰在欧洲充其量只是一个二等实力的国家。而1707年英格兰与苏格兰实现了议会层面的进一步联合，到1714年乔治一世继承英国王位时，英格兰与苏格兰联合而成的大不列颠已经成为世界上头等强大的国家。并且，经过一个多世纪的发展之后，英国在北美以及全球范围内的殖民已经取得了巨大的成功，英国的殖民地遍布美洲、亚洲和非洲。因此自18世纪起，殖民地问题就成为议会政治舞台上最重要的决策问题，而殖民-帝国秩序与国内宪政秩序之间的关系也成为英国理论家们论述的核心论题。

在英国革命与光荣革命期间，辉格党人曾经以“英国人的古老自由与宪制”，甚至“人民”的理由要求限制国王或废黜无道君王。而一俟革命成功，议会夺得主权，议会中的“宫廷辉格党人”执掌权柄，尤其是在乔治一世的辉格党寡头时代，他们就不再提倡甚至禁止谈论他们曾经热衷的激进原则。[17]这些“宫廷辉格党人”发现他们的诉求在许多方面与托利党人重叠。托利党人承认了主权属于议会的既成事实，而辉格党人则在否定“人民”之于宪政方面的作用上与托利党人达成了共识。斯威夫特就惊呼，如今的这些所谓“老辉格党人”其实和大部分现在的托利党人没什么实质差别。[18]共同提倡“议会主权”而否定“人民主权”是这是的辉格党人同托利党人的共同之处。布莱克斯通《英国法释义》的出版既是对这种观念共识的理论抽象，同时也表达了当时英国的“政治常识”。“布莱克斯通式的主权定义不仅仅只是适用于牛津学院或律师学院讲堂之上的抽象理论，同时它还体现了人们对于权威以及国家形态的态度，这种态度有着悠久的渊源，并且在英国普通民众中广为流行。……布莱克斯通的主权定义成为人们普遍接受的假设，是一个必要的真理。”[19]

英国议会对英属美洲殖民地征税的一系列法案正是在这个大背景下出台。按照议会主权理论，毫无疑问英国议会有权对美洲殖民地行使包括立法及征税等一系列权力。但英国议会通过的诸如印花税、茶税等遭到殖民地强烈的反对。殖民地强烈地反对英国议会在税收方面对其行使帝国议会之主权。

埃德蒙·柏克是著名的同情美洲的政治家。但柏克对美洲的同情态度并没有使导致他否认英国议会之主权。“大不列颠议会是以两种身份，位居与辽阔的帝国之首的。作为本岛的地方立法机构，它仅仅借助于行政权力这一工具，而直接为国内的事务制定政策。它的另一种身份，窃以为高贵于上者，我称之为帝国的身份；在这一身份下，她宛若天上的主神那样，监督着所有次一级的立法机构，知道它们，控制它们，却不吞灭它们。所有省级的立法机构，由于地位是同等的，相互间并无高低之分，故都应从属于它；否则相互之间，既无法保持和平，无法指望以公平相待，亦无法有效地提供援助。她必须有至高的统治权，去制服玩忽为心者，约束性格暴烈者，扶持贫弱者。……这一监督的权力，是惠及全体、以备将来之需的；但是，为使议会适应于这监督的目的，它的权力必不能加以限制。……但这一权力不该纳入常制，也不能上来先用它。"[20]柏克尤其反对否认议会主权，议会主权作为"帝国的工具"丝毫不能加以否认，否则"帝国……自己将变得弱不可支，进而分裂、瓦解"。当追究议会无限立法权威究竟何来是，柏克认为它是从英国传统中继承而来的资格。"一个立法的权威，其基础中倘无明确的界标对它加以实际的限制，它后来又不曾立法以限制自己，则理论的区分，就是在无法分清它的权力，我们也就无法说清楚它的约束力适用于哪里、不能适用于哪里。"

但柏克认为，承认议会主权存在是一回事，而对帝国属地施行主权又是另一回事。前者更多地是个理论上的问题，而后者则是政治实践，因此主权理论的施行必须得宜。柏克认为，帝国议会的主权如果施行得当，对于不列颠帝国的维持自然有许多好处。"这最宽泛的立法观念中包含的各种权力，自有排上用场的时间与场合，这时候使用它们，或大有利于殖民地间的和平与团结，大有利于殖民地与大不列颠之间的完美的和谐。"在柏克看来，议会主权的行使必须遵从被统治者的公共舆论。"立法权威之任何特定的部分，倘不顾及被统治者的公共舆论，都是不能行使的。公共舆论是立法之无限权威的载体与器官。没有公共舆论，则所谓的'立法的无限权威'，就只是纸尾之谈，让人听着舒坦而已，绝不能治民理事。……立法权的真目的，只是顺应——而不是——强迫公共舆论罢了：即对公众的意见予以指导、赋予它法律的外衣和特有的许可。”[21]殖民者都同属英国人，和英国人一样酷爱自由，因此只能给他们自由的政府，而不能奴役他们。[22]

因此，柏克并不否认议会主权之存在，不列颠帝国统一在不列颠的议会主权之下，议会之主权是治理帝国的工具，帝国的各个部分都是宪政体制的一部分，而隐含在这个帝国宪政体制下的并不是压迫与专制，而是英国人古已有之的自由。“持有殖民地，是靠亲密的感情，它来自我们共同的姓氏，共同的血缘，相似的权利和一体的保护。它们是纽带，虽轻如风，但硬似铁链。我要让殖民地的人民，总把他们公民权利的观念与您的政府相联结。……只要您尚有智慧，能把本国的至高权威(指英国议会——引者注)，一直持作自由权的庇护所，持作供奉我们共同信仰的圣殿，则英国之自由宗教所拣选的种族，所特选的子民，不论身处何方，必把脸转向您。……这才是真正的《航海条例》，它将殖民地的商业捆附在你身上，并通过它们，带给你全世界的财富。拒绝他们分享这自由，您就是隔断了唯一的纽带，当初带来帝国之统一的，是这纽带，日后保持帝国之统一的，也是这纽带。……是英国宪政的精神，涵濡了这广大的人群，进而渗透、喂养、统一、鼓舞了帝国的每一部分、甚至其最小的成员，并使它们生气勃勃。”[23]在柏克所的自由帝国体系中，不列颠帝国的形成盖出于英国人对压迫的反抗与对自由的追求，正是这种自由的精神，英国人才开疆扩土到天涯海角，把荒蛮的美洲变成光辉的帝国。不列颠帝国的形成就是一部自由扩张的历史。实现帝国依靠的是不屈不饶的自由精神，因此，维持帝国依然也只能靠保持殖民地的自由。英国人古老的自由与宪政是帝国团结与统一的内在精神纽带。拥有至高无上权力的英国议会应当是自由权的庇护所，是自由的圣殿。

18世纪当英国议会与美洲殖民地发出冲突时，关于议会主权的叙事已经不像17世纪那样停留在议会与王权斗争的层面上。正如柏克论述的那样，此时关于议会主权的争论已经同殖民地，同帝国统治密切地联系在一起。如何妥善地行使议会的主权，维持帝国的秩序，与此同时保证英国和殖民地人民的自由权利不会因此而受到侵害，是这一时期英国议会主权实践中遇到的重大难题。对此，柏克的总体观点是，美洲殖民者以“无代表不纳税”为理由反对不列颠议会对他们征税是合理的，因为那是英国人的古老权利与自由，但是，不列颠既有的重商主义殖民体系必须依靠不列颠议会加以维护，因此议会主权必须坚持。美洲革命者在对抗母国时则可以更加直截了当地沿用17世纪议会与王权斗争时的革命哲学，而无需更多地考虑帝国秩序与自由的关系问题。自然，王权此时早已经退居幕后，因此英国与殖民者之间的矛盾中就产生了错位。这种错位产生于美洲殖民者更多地运用革命修辞而回避法律问题。

戴雪的议会主权思想在许多方面受到了柏克的影响，例如议会立法与公共舆论之间的关系，以及议会主权在内部与外部受到的各种限制等等。更重要的，戴雪同柏克一样，严肃地思考了议会主权与不列颠帝国以及自由宪政之间的关系。但两者面临的境况是不一样的。

在柏克所处的时代，不列颠帝国正在逐渐失去美洲殖民地；并且维系柏克时代帝国的是旧的重商主义殖民体系。这个依靠《航海条例》以及一系列限制殖民地同外国之间贸易的议会立法保证英国从殖民地中获取最大的利益。“英国的《航海条例》试图将殖民地的贸易垄断由英国或殖民地的船只进行运输，将与外国的贸易交由英国或殖民地的船只或者物品产出国的船只进行运输。殖民地出产的为英国所急需的产品只允许出口至英国，不允许出口至他国。殖民地与欧洲大陆的贸易受到严格的限制和管控，并且殖民地间进行的贸易也受到限制。这个体系的目的就是为了鼓励殖民地发展那些不会同英国进行竞争的产品与商品，使殖民地成为英国商品的销售市场。"[24]在重商主义殖民体系下，每个殖民地不仅在政治上依附于母国，并且在经济上一方面它为母国提供原材料，另一方面成为母国产品的销售市场。在这个体系下，殖民地出产的糖、棉花、烟草、羊毛等重要物产的贸易都受到严格的限制。重商主义者们希望，通过这个体系能够增加帝国的财富，同时保证帝国能自给自足，减少对他国的依赖。柏克虽然反对议会直接行使主权权力对殖民地征税，但并不反对议会立法限制殖民地贸易。柏克时代的不列颠帝国正是以这个体系为支撑的，尽管美洲革命对议会主权也对英国的重商主义给予了重击。

到戴雪所处的时代，此时的不列颠帝国已经大不同于柏克论述美洲问题时的不列颠帝国了。一方面，1846 年《谷物法》的废除和 1849 年《航海条例》的废除，标志着旧殖民体系的彻底解体，柏克时代的重商主义帝国已不复存在，取而代之的是一个奉"自由贸易"为国策的自由主义帝国。维系旧帝国的纽带已经被斩断，一个新的自由贸易帝国崛起，维系这个帝国的精神与原则是政治经济学的抽象原理。亚当·斯密所设想的乌托邦，经历了一个多世纪一代代理论家和政治家们的工作之后，逐渐从理想走入现实。支撑这个帝国的基础是自由贸易，其灵魂是经由李嘉图、穆勒父子等人阐述发展出来的自由放任原理，是谢尔本、小皮特、皮尔、柯布登等一代代政治家们前仆后继后才得以实现的自由贸易帝国。这前后两个帝国的差异在柏克反对皮特的自由贸易改革中可见一斑。正如塞姆所言，柏克对皮特自由贸易政策的反对充分暴露了柏克作为 18 世纪辉格党人的特征，这一代辉格党人的经济数据是以商业而不是生产产出为标志的，他们依然固守着 1713 年的信条，代表了商业垄断阶层的利益，而新兴的工厂制造业者则转向了托利党人。[25]殖民地与帝国之间的关系也已经大不同于 18

世纪七八十年代，如何处理议会主权与不列颠帝国以及自由宪政之间的关系显得更加紧迫。旧殖民帝国时代，殖民地与帝国之间的关系依靠议会主权之下的经济垄断加以维持，而在自由贸易帝国时代，自由放任政治经济学反对拥有殖民地，认为殖民地是母国的一种负担，是压在母国肩背上的磨石。1825年《爱丁堡评论》写道："我想请你们指出，我们从加拿大和其他北美殖民地中是否获得了哪怕一丁点利益——不论是何种形式的利益。它们只凭空消耗着大不列颠的财力，而我们从中却什么也得不到。"[26] 1830年，就在加拿大危机爆发之前，边沁论述殖民地问题的著名作品《解放你的殖民地》在英国再次出版。[27]有形的垄断之纽带已经被斩断，取而代之的是建立在英国对殖民地乃至对全世界的工业优势之上的无形纽带。在这种思潮的影响下，加拿大、新西兰、澳大利亚等殖民地都先后成立了各自的议会与自治政府。

另一方面，19世纪后期，尤其是八、九十年代，随着美国、德国等国家的工业逐渐发展起来，英国的工业优势已经受到挑战，自由贸易的政治经济学原理已经受到广泛的怀疑，维系自由帝国的无形纽带已经逐渐松弛。这时人们开始重新思考帝国与殖民地之间的关系。热衷于帝国建设的帝国主义思想开始兴起。1871年，《当代评论》(*Contemporary Review*)刊发了一篇名为"帝国联盟"(Imperial Federalism)的文章。这篇文章批评了当时政府对待殖民地的态度，认为政府的做法会使帝国解体，呼吁用一种更加紧密的联盟形式重组英国与殖民地之间的关系。尽管之前也有作者例如弗鲁德(Froude)呼吁政府重新考虑帝国与殖民地之间的关系，但《当代评论》上的这篇文章将反对政府殖民地政策的人士都团结了起来，组成派系，因而被认为开启了帝国联盟运动(Imperial Federation Movement)。[28]在随后的几年里，帝国联盟的思想赢得了一些人的赞同，包括自由派领导人福斯特(W.E. Forster),并成立了"帝国联盟阵线"(Imperial Federation League)组织。1884年,该组织召开了第一次会议,会议吸引了来自重要殖民地的官方及非官方的代表,以及英国国内两党的名流要员参加,并选举福斯特为主席。[29]会议确立了"帝国联盟阵线"的章程,明确了组织的目的是"通过联盟的性质保证帝国的永久统一",规定了"帝国联盟阵线"在各殖民地的分支机构,尤其重要的是章程首先规定"帝国联盟"不得干涉殖民地各自议会的权利。[30]1887年,在帝国联盟阵线的建议下,政府在伦敦召开了第一次殖民地代表大会,[31]是为第一次帝国会议(Imperial Council)。[32]

戴雪的《英宪精义》正是在这种思想背景与历史背景下写作而成。此时,英国正在经历从自由贸易帝国的"殖民地无用论"、"负担论"向热衷于帝国的帝国主义思潮的转变。《英宪精义》关于议会主权的论述有大部分的篇幅反映了英国帝国观念的这一转变。因此,可以将戴雪《英宪精义》中关于帝国的论述分为两个部分加以理解,一部分阐述了自由贸易帝国下帝国与殖民地之间的宪政关系,另一部分则在于否定帝国联盟的帝国主义方案。

议会主权是英国宪制的第一原则,不列颠帝国通过治理议会殖民地,并且殖民地由于在政治制度方面都模范了英国,都建立了各自的议会与责任政府,因此,帝国与自治殖民地之间的政治关系也可通过议会主权这一原则进行梳理。英国宪制的议会主权原则意味着帝国对殖民地的统治是通过议会立法的方式进行的,这就要求在理论上必须区分帝国议会与殖民地议会之间的层级关系。戴雪的分析正是沿着这条思路进行的。戴雪认为,当从帝国与自治殖民地之间关系的角度论述英国议会的议会主权时,有两点必须首先加以注意。其一,英国议会当其对自治殖民地行使主权,将其称为帝国议会更加恰当;其二,英国议会主权及于"属邦",所谓属邦指英国之自治殖民地,它既有自己的议会，又必须有责任政府。因此，于 1914 年“属邦”包括加拿大、纽芬兰、澳大利亚共和国、新西兰和南非合众国。[33]英国议会与帝国议会之间实际只是名称之差别，实际上帝国议会也仍然只是联合王国的议会，并无自治殖民地的代表加入至帝国议会中。帝国议会与殖民地议会实际上是两个独立但却具有统属关系的政治机构，由此才催生出英国议会同自治殖民地之间在宪政上复杂之关系。如果英国人能在不列颠帝国内确立一种平等的公民权，使各殖民地在帝国议会中得到代表，则帝国议会主权同自治殖民地之间的复杂关系都可消除。[34]

英国议会同自治殖民地之间在宪法上的复杂关系体现在，只有帝国议会才是主权性立法机关，是整个帝国的主权者，自治殖民地的议会是“从属的造法机关”。主权性立法机关与从属性造法机关的关系体现在，自治殖民地议会的行动要受到只有帝国议会才得以变得的法律的束缚，并且，该属邦殖民地法院或其他属邦殖民地法院可以该法案与帝国议会的法律相抵触为词，宣布该法案失效。[35]戴雪阐发的理论是以 1865 年英国议会通过的《殖民地法律效力法》(Colonial Validity Act)为基础。正如戴雪所言，对于调整帝国与殖民地之间关系而言，这部法案具有重要的意义。它一方面巩固了帝国议会的主权地位，自治殖民地的法案凡与帝国议会“赋权于殖民地的法案相抵触”者皆被视为无效，并且自治殖民地议会通过的法案只得以帝国议会法案为准加以评判，不得再依普通法而判断自治殖民地法律的效力。另一方面，它确立了自治殖民地议会充分的独立地位。[36]殖民地议会的独立地位甚至包括殖民地议会可以制定修改殖民地“宪法性”法律。殖民地议会在历史与理论方面都是仿效英国政制而进行，因而，殖民地议会自然也具有与母国议会一样的功能特性，即殖民地议会在殖民地范围内具有主权者地位。唯一的例外是，“凡殖民地不能滥用此权以损害帝国议会的至尊性”。[37]在法律上,帝国议会的至尊性表现在帝国法律亦可约束殖民地,而殖民地议会的立法却不得抵触帝国法,否则当归于无效,帝国议会可废除之。

帝国议会与殖民地议会法律上的统属关系事实上只是学理上之探究。帝国议会对殖民地议会的妄自干涉很可能会被认为是对殖民地自由的冒犯,会激起殖民地的反叛。因此,实际上,帝国议会很少干涉殖民地议会的立法。在实际的帝国治理中,王室承担了帝国议会与殖民地议会之间法律冲突协调者的角色。这便是“王室否决权”的运用。所谓“王室否决权”,即王室否决议会法案的权力。自光荣革命之后,王室对英国议会的立法虽名义上享有否决权,但实际上王室已极少行使此权,不过国王仍然可随时否决殖民地议会通过之法案。因此,在协调帝国与殖民地关系上,王室否决权却能起到很大的作用。在某种程度上,王室依然是不列颠帝国的联系纽带。在戴雪的帝国宪政中,王室仍然承担着重要的角色。“惟因尚有这一否决权存在,不列颠帝国的联邦政治乃成。”[38]“否决权的存在至足以维系英格兰与殖民地所有关系,使得在坦途上发展。他的存在能令帝国与殖民地之间政治家将两件特异性质的事实结合:其一为帝国的统一;其二为殖民地的半独立。这种结合的成功可以成为不列颠帝国的一种救星。”[39]这样,通过对王室共同的忠顺之情,帝国统治与殖民地自由之间的内在矛盾得以化解。王室对殖民地议会法案的否决权可以通过王室在殖民地的代表即驻殖民地总督行使,也可以在总督不愿行使否决权之时交由国王行使。其次,当总督代表国王同意通过了某项法案之后,在一定时期内,国王仍可行使否决权,否定该法案。无论如何,在英国宪政下,国王的意见都只是内阁的意见,而内阁只不多是议会的一个委员会。因此,在戴雪看来,国王最后的意见仍然属于帝国议会。[40]

这是戴雪就 1884 年不列颠帝国与殖民地之间关系的论述。可以总结为两个方面，其一是殖民地必须承认帝国议会的主权者地位；其次，帝国议会不擅自干涉殖民地议会的立法。及至1915年《英宪精义》第八版出版时，戴雪又添加了一篇长篇导言。该片“导言”论及议会主权方面谈到议会构成方面，主要讨论了1911年废除贵族院就任何公共法案的最终否决权，这是英国宪政在宪政自由方面的重大发展。值得注意的是，1911年废除贵族院立法否决权的主要目的是为了通过爱尔兰政府法案，给予爱尔兰自治地位。[41]从此可以看出英国宪政的自由叙事同其帝国叙事常有密切之联系，并非彼此不相干。其次，“导论”论及议会主权的适用范围方面，侧重谈到帝国议会主权与殖民地之间关系近30年来的新变化。概而言之，戴雪认为，近30年的新变化在一方面是殖民地获得更多的自由，自治的更加广阔。“在前一时期(1884年之前——引者注)，英格兰尽量让与殖民地所需要以整理内政的独立权力。但……仍决定要保留于帝国政府许多控制权力，即用以控制逐一殖民地内之内阁及议会；……迨至后一时期(1884年至1914年——引者注)殖民地的自治(譬如，新西兰的自治)是绝对的，无限的，及完全的：此项自治权的运用无须顾虑英吉利人民所有利害及是非的观念。”[42]在另一方面伴随殖民地的自治分离倾向的是帝国主义这种帝国情感的生成。对于历次帝国会议(Imperial Conferences or Imperial Councils)中表达的这种帝国情感，戴雪大抵是赞同的。因为他认为，不列颠帝国不论对于英格兰还是殖民地而言都是有好处的：“其一，它能保证和平于世界中之大多数民众；其二，它能抵御外敌，不使凭陵属地。”

不过，戴雪将不列颠帝国的殖民地政策称为“亲善的帝国主义”(Friendly Imperialism)。他认为，亲善的帝国主义生成于自由放任主义(*laissez faire*)，自由放任首先足以消除殖民地的不满，其次，能在母国与殖民地居民之间生成一种友好的感情。“惟先有了这种友好的感情的存在,英国人们或外国人们之居留各地者乃能渐次明白帝国的一种制度实大有造于殖民地;同时英国人们之居留本国者亦能看见各处殖民地究竟能有所贡献于英格兰的安全与帝国的发达。”[43]

正是基于对议会主权以及建构在议会主权基础之上的“亲善帝国主义”的信念,戴雪拒绝并反对帝国联盟阵线关于帝国联盟的设想。为此,戴雪在《英宪精义》中花了很大的篇幅对联邦政治的存在条件、特点及其缺点逐一进行了分析。

按照戴雪的分析,联邦制欲形成必得两大先决条件,其一是联邦前的各政治组织应当依地理、历史、血统或其它而有所联系;其次为民众在当时“一方面渴望合一(union),一方面复厌闻统一(unity)”。而联邦制就是这么一种政治机制,旨在调和统一与列邦独立之政治心理。[44]而联邦主义实质上是联邦主权与邦主权的一次妥协。为达成妥协,联邦制通过宪法将主权在联邦与邦之间进行划分,同时将联邦主权又在立法、司法、行政三方面进行横向划分。“将欲使全国的主权所有名分与各邦的主权所有名分能并行而不相悖,联邦主义所应用的惟一方法只是在于指定一种宪法,以详细划明主权的寻常权力,而又仔细把这些权力分与公共和个别的政府。”[45]可见联邦主义在本质上是对主权的分割与否定,同英国议会主权的历史与理论是相悖的。

由联邦主义隐匿主权的这种实质就衍生出联邦主义的几个主要特点。戴雪认为,联邦主义有三个特性,分别是宪法的至尊性、权力的分配以及法院的权威。这三个特点每一个都是与英国议会主权原则向冲突,无论是硬性宪法的至尊性、权力分割与制衡还是法院的居于权威地位,都会导致对议会主权地位的否定。联邦制的这些特点又导致它具有一些与生俱来的弱点,例如联邦政府的软弱性,联邦主义的保守性,以及联邦主义的律法精神。戴雪认为,联邦主义的这些弱点若运用于英国,于英国的现实都是有害的。如推崇其保守性,则 19 世纪英国所有议会改革当无法推行，而停滞不前；如推崇其律法精神与法院的权威地位，则法院法官又易为行政机构控制，沦为其工具。[46]

在《英宪精义》成书的1884年，联邦政治尚未引起人们的重视。按照1884年的标准进行评判，戴雪对联邦政治的分析亦属精当。尤其值得注意的是，戴雪对联邦制的特点及其内在缺点的分析都是针对议会主权而发。联邦政治是对议会主权的否定，因而英国无论在何种意义上用联邦制来重组帝国，都将是对英国宪政原则即议会主权的否定。这是戴雪论联邦制的初衷。这点在1915年《英宪精义》第八版导言中体现得更加明确。

至1914年，随着美国联邦政治取得一定的成功，在英国国内出现了用联邦主义改革英国宪制的思潮，他们或者希望用联邦制的形式重组联合王国本身，即将英格兰、苏格兰、爱尔兰、威尔士等联合成一个联邦国家，甚而希望用联邦制的形式重组联合王国与五个自治殖民地之间的关系。1886年，首相格莱斯顿在议会下院提出的《爱尔兰自治法案》(Home Rule Bill)在很大程度上是第一种"王国联邦化"思潮的现实反映；而随着帝国主义思潮的兴起，曾经一度偃旗息鼓的"自治运动"也借着维系帝国的名义再度崛起，这便是19世纪末20世纪前十年"帝国联邦化"思潮在英国泛滥。帝国主义思潮的兴起，在表面上有益于统一党(Unionists)，但实际上，自治派(Home Rulers)宣称他们之所以主张废除1800年《合并法案》，实行"自治"是为了维护帝国的统一。在戴雪看来，自治派借维护帝国之名行分裂帝国议会主权之实。因此，帝国主义思潮的兴起严重地削弱了一度巩固的统一党阵营。[47]在这点上，戴雪反对"自治派"的帝国观点。不过，戴雪依然是一名坚定的帝国主义者。在《愚人的天堂》中，戴雪坦诚地写道："作为一名坚定的帝国主义者(imperialist)，我过去支持，并且现在仍然支持南非战争，因为它制止了分裂；但是作为一名研习不列颠宪制的学者，我要断言,帝国的宪制应当依据英格兰与各自治领之间、以及英格兰与那些仍然没有取得自治地位的置信地之间合理的相互理解,而不是贸然的立法举措。"[48]作为一名帝国主义者,同时作为一名宪法学家,戴雪希望用议会主权的理论统一帝国。因为在某种程度上,议会主权的原则不仅是英国自由的象征,更是英国历史延续性与实力的象征。戴雪明确反对英国当时出现的"王国联邦化"以及"帝国联邦化"的思潮,这也是1915年《英宪精义》第八版导言中关于联邦制长篇论述的全部目的。[49]

在戴雪的宪法理论中,他和柏克一样认为,议会主权的自由叙事与帝国叙事并非完全分离的,事实上两者之间具有紧密的联系。正是追求自由的精神,引导着英国人民不断地在世界上开疆拓土。这种联系体现在英格兰一次次的扩张行动中,也体现在英格兰与苏格兰合并这一历史事件中。在界定1776年美洲革命历史地位时,波考克写道:"在'不列颠'的背景下,我们却必须首先把它(指1776年美洲革命——引者注)看做1707年建立的英格兰-苏格兰共同体的历史中的一场危机,其次是把它看做这个共同体中最核心、最具英格兰特色的政治制度——国王在议会(King-in-Parliament)——的危机。从1641年到1660年和从1688年到1689年,发生了英格兰王室与英格兰有产者社会之间的危机,他们使'国王在议会'的制度出现并得到了加强,虽然发生了深刻的变形;英格兰创建和巩固'不列颠'、追求大西洋帝国的能力,是1688年的副产品之一。"[50]这些无疑更加清晰地证实了议会主权的自由叙事与帝国叙事之间的复杂关联。这是自由与帝国权力之间辩证关系在历史上的鲜活展现。对英国人来说,确实,帝国只是宪政革命的副产品。纳米尔厌恶爱德蒙·柏克,因为他认为柏克这位十足的演说家败坏了辉格党,把单纯的渴望权力的本能升华到了道德与宪政问题的高度,除了绚烂的修辞之外,完全没有为辉格党解决美洲问题提出一个切实的方案。[51]就这点而言，纳米尔无疑误解了柏克，柏克渴望自由的本能远强于渴望权力的本能。

在有关帝国统治的宪法思想上，戴雪在许多方面都继承了柏克的衣钵。对于戴雪而言，议会主权原则熔炼了宪政自由与帝国统治技艺，它不仅仅是个人自由与法治的保障，同时更是不列颠帝国统治的根本。戴雪的《英宪精义》一方面旨在告诉自由党人，维持帝国亦能够保证英国人与自治领人民的自由；另一方面，也希望告诉保守的帝国派，不列颠的帝国是靠着坚守自由得来的，也唯有自由才能够将这个帝国真正维系。[52]这两点自由党人和保守党人都可从 1707 年英格兰与苏格兰联合的历史事件中学到。

总之，议会主权原则包含着自由与帝国双重含义，要真正理解“议会主权”的理论就必须深入到英国具体的历史事实中，尤其是 1707 年英格兰与苏格兰议会联合的历史中。

第三节 戴雪论英格兰与苏格兰的联合

《思索英格兰与苏格兰联合》是戴雪生平最后一本著作。这本著作由戴雪与苏格兰史学家雷特合作完成。这本著作详细论述了在 1707 年英格兰与苏格兰议会联合的前提、过程和影响。作为一本由法学家与史学家共同完成的作品，这本在众多论述英格兰与苏格兰议会联合的著作中极具特色。该书仅仅围绕着不列颠议会这一主权机构的形成过程对 1707 年英格兰与苏格兰的联合进行论述。同《英宪精义》的主题一样，该书的主题依然是议会主权。该书的一大鲜明特色，在于它详细地讨论了 1603 年王室联合下苏格兰议会的构成以及 1689 年英国“光荣革命”对苏格兰的影响。戴雪认为，苏格兰议会 1689 年革命取得主权地位，这是英格兰议会能够同苏格兰议会进行联合的关键。

戴雪时代不列颠帝国的帝国议会由三个不同国家的立法机构联合而成，即英格兰议会、苏格兰议会和爱尔兰议会。爱尔兰议会完全是由爱尔兰的英格兰殖民者们仿照英国的议会制度建立。与爱尔兰议会不同，苏格兰议会和英格兰议会一样，拥有更加古老的起源，它们都起源于中世纪欧洲封建主义。“苏格兰议会和英格兰议会一样都起源于国王的资议会。大贵族、主教修道院院长都会被召集到这个资议会中，并且，所有从国王那里直接保有土地的自由地产保有者至少在理论上也会被召集到国王的资议会中。”[53]和英格兰一样，苏格兰也实行代议制，各个自治市镇、小的自由地产保有者们只有通过代表才能在议会中表达各自的意见。并且，苏格兰议会和英格兰议会不仅具有立法功能还具有弹劾功能。但在许多方面，苏格兰议会都不同于英格兰议会。苏格兰议会不是两院制，而是一院制的形式。苏格兰议会中有由国王直接任命的官员出席，而在英格兰，任何一个人都不可能仅仅由于官员身份而取得议员资格。苏格兰代议制更加严格，选民范围比英格兰还要狭小许多，并且苏格兰议会没有定期的议会大选。在1603到1690年期间，苏格兰议会的立法权力被议会中的一个委员会控制，这导致苏格兰议会散失了立法上的主导权力。最重要的是，在1603年到1690年期间，苏格兰议会并非一个主权性议会。“1690年之前，苏格兰议会从未获得任何类似于英格兰议会在1603年之前很久就已经获得了的立法权力；除了革命时期，苏格兰议会在1690之前一直都只是一个登记法律的机构；……苏格兰议会在其整个存续期间都未能成为苏格兰政治生活的中心，而英格兰议会至少自从亨利四世时起就成为了英格兰政治生活的中心。”[54]

1603年到1690年王室联合下，苏格兰议会之所以未能取得主权地位，原因在于它受制于两大机构：立法委员会（Committee of the Articles)和等级会议(Conventions of Estates)。在苏格兰的立法、行政体系中,立法委员会是王室试图控制立法的产物。这个委员会的成员从苏格兰议会议员中选出的具有"行政知识和立法能力的人",由他们承担立法工作。苏格兰一俟选出立法委员会,全部的议会立法工作便交给了这个委员会。一二周之后,议会重新召集开会,立法委员会将制定好的法案提交议会通过。除了否决或通过法案之外,议会对立法事项既不讨论也不审议。因而,苏格兰议会的运转完全取决于任命立法委员会的人。[55]仅就形式而言,苏格兰的立法委员会颇为类似英国议会的枢密院乎或内阁。然而,从1603年到1690年,国王掌控了立法委员会的任命权,控制了议会,因而,事实是国王的意志取代了议会的主权。

苏格兰议会未能取得主权地位的另一原因是由于等级会议的存在。等级会议由国王召集,其成员包括贵族、主教各郡和市镇的代表,他们许多人在议会召开期间又是议员。等级会议在某种程度上说是一个扩大版的枢密院。从1603年到1690年,苏格兰国王通过等级会议统治苏格兰,正如在英格兰,他们试图通过枢密院统治英格兰一样。

苏格兰的立法-行政体系更加类似于法国的旧制度。由于立法委员会和等级会议的存在,议会的作用微不足道,只承担着对王室立法进行登记的责任,丝毫没有主权者的地位。

1689年英格兰"光荣革命"在苏格兰引起了一场更加激进的革命。苏格兰议会谴责詹姆斯二世的法律文件中不像英格兰议会那般小心翼翼地用"逊位",而是直接使用了"废黜"。这表明,苏格兰进行的是名副其实的革命。戴雪认为,"光荣革命事实上为苏格兰带来了一种新的政治体制。"这种新的体制就是,苏格兰议会和苏格兰长老会分别在世俗政治和宗教事务方面取得了主权权力。[56]詹姆斯二世逃亡后,苏格兰议会召集了等级会议,并宣布它为"无君议会"(Convention-

Parliament)。它所颁布的《权利声明》(Claim of Rights)废黜了国王,并代表人民伸张权利。此外,苏格兰议会还废除了立法委员会。戴雪认为,通过这两项措施,"革命协定(Revolution Settlement)极大地增强了议会的权力,甚至可以公正地说,几乎使议会获得了新生"。[57]

"光荣革命"在英格兰与苏格兰产生了不同的影响。在英格兰,"光荣革命"在某种程度上体现为一种复古式的革命,即它是以强调恢复被专断君主破坏的"古代宪法"(ancient constitution)的名义而进行的政治变革。而"光荣革命"在苏格兰产生了真正革命性的影响,它推翻了国王对一院制议会的控制,确保了议会主权原则在苏格兰的实现。通过革命使得议会主权在不列颠岛首先确立起来,这是 1707 年英格兰与苏格兰能够实现议会联合的前提条件,也戴雪宪政理论中不列颠帝国议会主权得以实现的基础。因此,可以看出,在戴雪的宪政理论中,议会主权的自由叙事与帝国叙事已经在 17 世纪末 18 世纪初不列颠的历史纪事中高度地统一起来了。

在论述议会主权统一不列颠岛之前,必须简要地回顾 1603 年之前英格兰与苏格兰之间的关系。

注释

1. 本章集中于论述戴雪对议会主权原则的阐述。对完整的戴雪公法理论的研究与批判可参见[英]马丁·洛克林:《公法与政治理论》,郑戈译,北京:商务印书馆,2013 年,第 193 - 254。同时参阅何永红:《戴雪宪法理论研究》,北京:知识产权出版社,2014 年。

2. George Sayles, *The King's Parliament of England*, London: Norton Company, 1974, p.3.

3. Paul A. Rahe, "Empires: ancient and modern", *The Wilson Quarterly*, Vol.28, No.3, Summer, 2004, pp.68 - 84.

4. [英]约翰·福蒂斯丘:《论英格兰的法律与政制》,袁瑜琤译,北京:北京大学出版社,2008年,第47页。

5. Thomas Smith, *De Republica Anglorum*, Edit by L.Alston, London: Cambridge University Press, 1906, p.48.

6. [英]大卫·休谟:《英国史》,刘仲敬译,长春:吉林出版集团,2010年。

7. [英]梅特兰:《英格兰宪政史》,李红海译,北京:中国政法大学出版社,2010年,第192页。

8. Thomas Macaulay, *The History of England from the Accession of James II*, ed. C.H. Firth, vol.3, pp.1308-10, London, 1913-1915.

9. 如果利用古典的君主、贵族、民主政体三分法,那么议会主权确实如查理一世在答复议会的文件中所承认的那样,是君主制、贵族制和民主制相互混合的最佳政体。英国政治理论家倾向于使用议会主权这一术语来表述自身政体的特征,而不像孟德斯鸠那样将议会主权这一统一的整体拆解为三种权力。事实上,孟德斯鸠三权分立的结论,亦是从君主制、贵族制和民主制的去分中的出来的。自由政体必须将三种权力分立,同时也意味着,作为一个统一的整体,它必然包含了君主制、贵族制和民主制三种因素。参见《论法的精神》对英国政体的讨论部分。

10. [英]白泽特:《英国宪法》,夏彦才译,北京:商务印书馆,2010年,第55页。

11. [英]布莱克斯通:《英国法释义》,游云庭等译,上海:上海人民出版社,2006年,第61-62页。

12. [英]边沁:《政府片论》,沈叔平等译,北京:商务印书馆,1995年,第194页。

13. [英]戴雪:《英宪精义》,雷宾南译,北京:中国法制出版社,2001年,第145-149页。

14. [英]亨利·梅因:《早期制度史讲义》冯克利、吴其亮译,上海:复旦大学出版社,2012年,第193页。

15. 参见《英宪精义》第二篇,尤其是第232-247页。

16. [英]戴雪:《英宪精义》,第418页。

17. J.P. Kenyon, *Revolution Principles*, London: Cambridge University Press, 1990, p.197.

18. J.Swift, *The Examiner*, 22 March 1710, reprinted in Swift(1966: 111). 转引自 J.C.D. Clark, *The Language of Liberty 1660 - 1832: Political Discourse and Social Dynamics in the Anglo-American World, 1660 - 1832*, London: Cambridge University Press, 1994。

19. J.D. Clark, *The Language of Liberty*, Cambridge University press, 1994, p.111.

20. [英]爱德蒙·柏克:《美洲三书》,缪哲译,北京:商务印书馆,2005 年,第 63 - 64 页。

21. 同上引,第 189 - 192 页。

22. 同上引,第 194 页。

23. [英]爱德蒙·柏克:《美洲三书》,第 150 - 152 页。

24. J.W. Horrocks, *A Short History of Mercantilism*, London: Methuen & CO. LTD, 1925, p.67.

25. Bernard Semmel, *The Rise of Free Trade Imperialism*, London: Cambridge University Press, 1970, pp.35 - 38.

26. *Edinburg Review*, Vol.42, p.291.

27. *Emancipate your Colonies! Addressed to the National Conventionof France*, 1793.边沁这封致法国国民大会的信写于 1793 年,1830 年才第一次公开出版销售。

28. George Adams, "The Origin and the Results of the Imperial Federation Movement in England", pp.106 - 9, *Proceedings of The State Historical Society of Wisconsin*, 1899.

29. *Ibid*. pp.106 - 9.

30. George Denison, *The Struggle for Imperial Unity*, The MacMillan Company, NewYork, 1909.

31. Cf., George Adams, p.110.

32. 戴雪对此的论述《英宪精义》,第 15 页,"规则四",及第 66 页注释 4。

33. [英]戴雪:《英宪精义》,第 9 页,及该页注释 1。

34. 同上引,第 19 - 20 页,及第 20 页注释 1。

35. 同上引,第 169 页。戴雪以新西兰自治殖民地为例阐发帝国议会与殖民地议会之间的宪法关系。

36. 见戴雪所引《殖民地法律效力法》第二至第五条。《英宪精义》,第 170 页。

37. [英]戴雪:《英宪精义》,第 175 页。

38. [英]戴雪:《英宪精义》,第 176 页注释 2。

39. 同上引,第 8 页注释 1。

40. 同上引,第 177 页。

41. 同上引,第 7 页。

42. 同上引,第 15 - 16 页。

43. 同上引,第 19 页。

44. 同上引,第 195 - 196 页。

45. 同上引,第 196 页。

46. 同上引,第 223 - 225 页。

47. 统一党是基于"自治法案"而形成的一个联盟阵营,统一党的衰弱根本上在于其内部在财政问题上的分歧。统一党内部自由贸易论者和关税改革派在"自治派"偃旗息鼓后都误以为自治运动就此寿终正寝,因此,他们认为可以为各自政党的经济财政理论而分裂斗争。

48. A. Dicey, *A Fool's Paradise*, chapter 1, London: McMillan, 1913.

49. 该篇导论中,关于联邦制的论述分为三个部分,第一部分总述了联邦制的一般特点、联邦制成立的先决条件以及联邦制的固有弱点。这些都简要地重复了《英宪精义》中有关联邦制的内容;第二部分论述"帝国联邦化"思潮的不可行;第三部分论述"联合王国联邦化"的不可行。

50. [英]波考克:《德行、商业与历史》,冯克利译,北京:三联书店,2012 年,第 110 页。

51. 同上引,第 122 页。

52. 值得疑问的关键问题在于,戴雪如何协调主权性议会与普通法自由主义传统。前者是中世纪末期兴起的一种主权观念,而后者则典型的中世纪法律主权论观念。在后一种观念下,法律本身就是主权者,国家存在的主要目的就是实现法律,国家的权力只是手段,而法律本身就是目的,因此,法律高于君主,君主必须依赖法律,君主权力的存在以法律为基础。这种中世纪法律主权的观念同18、19世纪英国主权性议会的观念本质上是矛盾的。参阅 Fritz Kern, *Kingship and Law in the Middle Ages*, Translated by S. Chrimes, Oxford: Basil Blackwell, 1956。

53. A. Dicey, *Thoughts on the Union between England and Scotland,* London: McMillan, 1920, pp.5 - 8.

54. *Ibid*., p.19.

55. *Ibid*., pp.32 - 33.

56. *Ibid*., p.58.

57. *Ibid*., p.58.

第三章 1603年王室联合前英格兰与苏格兰关系

第一节 王国的形成

18世纪末苏格兰最著名的民族主义作家沃尔特·司各特在他的一本小说中描写了一场有趣的争论：

“曾经有个民族叫皮克人(*Piks*)——”

准男爵插入话头说道：“更准确地说是皮克特人(*Picts*)。”

欧德巴克提高声调答道：“我说的是皮克人(*Pikar, Pohar, Piochtar, Piaghter, Peughtar*)，他们说一种哥特方言——”

骑士纠正道：“不，是正宗的凯尔特方言。”

“不，不，是哥特方言，再说一遍，是哥特方言！我誓死坚持这点！”欧德巴克反驳说道。[1]

赖特(R. Rait)的《苏格兰史》一开始也引用了这一场流传广泛的争论。[2]“曾经有个民族叫皮克特人，他们居住在苏格兰北部。”历史学家们都同意这个论述。目前已知苏格兰最早的居民是皮克特人，但关于皮克特人的具体属性一直都存在争议。然而，皮克特人本身没有任何文字记载，它在历史上已经消失，并且留下的遗迹也少之又少。[3]除了占据苏格兰北部地区的皮克特人之外，苏格兰早期的居民还有所谓的盖尔人(Goidels, Gaels)。他们是原先占据爱尔兰的凯尔特人一支，后来跨海而来到苏格兰，成为斯科特人(Scots)，也即盖尔人。[4]在罗马人征服之前,不列颠岛以及爱尔兰作为希腊-罗马文明世界的边疆地区而存在,保留着原始的游牧生活状态;游牧生活虽然原始,却是自由的,他们虽有君主,却不知奴役与服从为何物。不列颠东南部更加临近文明地区,得以更早地迈出文明社会的最初和最重要的步骤。在凯撒征服之前,不列颠岛东南部的凯尔特人部落即不列颠人即先于其他地区更早地跃入文明之列,而不列颠岛其余地区居民如不列颠北部地区的居民以及爱尔兰的居民则仍保留着“游牧古风,以兽皮为衣,以岩穴为居,藏身于林莽之中。他们或者希冀掳掠,或者逃避强敌,或者不断为他们的牛群、牲畜寻找水草,因此居无定所,轻去其乡。他们不知有精致的生活,因而他们的需求和财富都简陋不足道。”[5]在人类历史的这个早期阶段,国家或民族尚未形成,各个部落受到天然的野心与仇恨的刺激相互时而联合时而敌对,他们还不知悉和平的技艺,不列颠岛似乎将永远处于政治哲学家们笔下描述的自然状态。

凯撒的到来为不列颠南部走向文明提供了动力。因为在凯撒征服高卢的战斗中,不列颠岛为高卢野蛮部落提供了帮助,不列颠岛吸引了凯撒的目光。由此,开始了罗马人对不列颠岛的征服。虽然进行了若干次的抵抗,但是居住在不列颠岛东南部的不列颠人一部分逃往西南部的深山老林中继续自由自在的生活,另一部分人则屈服于罗马人的刀兵之下。罗马人的征服与统治使不列颠岛处于罗马文明的一部分,但罗马的统治主要地及于不列颠东南部地区,北部地区并未真正地处在罗马的统治之下。罗马人将不列颠北部(即后来的苏格兰部分地区)的居民不加区别地称作“喀勒多尼亚人”(Caledonians)。这些不羁的喀勒多尼亚人不停地侵袭罗马不列颠,罗马统帅发觉必须征服这些北部居民。1世纪时,罗马人伟大的统帅阿格里古拉将罗马在不列颠的边界推到福斯湾(Firth)-克莱德河(Clyde)沿线,并设立了许多堡垒,守卫这条边界线,同时有几次向北越过福斯湾,惩罚了侵扰罗马不列颠的蛮族。北方的皮克特人与喀勒多尼亚人誓死抵抗罗马人的文明与奴役,阿格里古拉的成果不久就散失了。到哈德良成为罗马帝国皇帝,他已经不得不放弃阿格里古拉的战果,退而在泰恩河(Tyne)-索尔维(Solway)之间修筑一条长城,防御北方蛮族的侵袭。到安东尼·庇护当朝一代,他又恢复了阿格里古拉的政策,重新在福斯湾-克莱德河一线修筑防御工事。208年,垂垂老矣的皇帝塞尔维乌斯愤而举兵亲征这些北方蛮族。在罗马占领不列颠时期,北方游牧部落不停地侵袭南方,368年提奥多西的远征是罗马人试图征服喀勒多尼亚的最后努力。罗马统治不列颠将法律与文明带给了不列颠岛南部的不列颠人,将罗马的语言、风俗、文学、艺术带给了不列颠人。与此同时罗马人的征服也带来了服从与奴役的技艺。但罗马对不列颠的征服与统治从来都不是完全的,北方蛮族部落对罗马的抵抗既是对罗马人统治的抵抗,也是对罗马文明与奴役的抵抗。这个过程是整个西罗马帝国衰落遭受边疆蛮族侵袭的一部分,罗马在不列颠的统治导致的后果不同于欧洲大陆的地方在于,在欧洲大陆野蛮人侵袭罗马帝国时,他们开始时是彻底摧毁,而后来则渐渐地尝试对罗马制度进行调整以为自己所用;而罗马-不列颠文化自身不够稳固,难以抵抗野蛮人的侵袭。因此,蛮族与罗马文明的碰撞融合在不列颠群岛具有更丰富的多样性与复杂性。[6]

随着罗马帝国的衰落,罗马的势力不断地从边疆地区收缩。407年,康斯坦丁将军团从不列颠抽出,用于防御大陆上的高卢人侵袭。公元448年,罗马人决定永远地从不列颠岛撤出。罗马人撤离引起爱尔兰的凯尔特人以及不列颠北部皮克特人、斯科特人对文明、富足的南部的觊觎之心。不列颠人无力抵御蛮族的侵扰,他们召请日耳曼的撒克逊人对付蛮族。由此开启了盎格鲁-撒克逊人对不列颠岛的征服。撒克逊人的征服建立了不列颠史上著名的七国时代。其中北方诺森伯兰王国的边境已延伸至苏格兰低地全境以及东海岸各地。[7]9世纪初，北方维金人侵入奥克尼和设得兰，并在北部高地定居。维金人的入侵持续了将近3个世纪。因此，在整个中世纪，苏格兰高地与低地地区的区别实际上是斯堪的纳维亚人与盖尔人之间的区别。[8]

盎格鲁-撒克逊人以及维金丹麦人的入侵导致的直接后果是皮克特人与斯科特人的联合。公元844年，达尔里亚达(Dalriada)的斯科特人的国王肯尼斯·麦克阿尔平(Kenneth MacAlpin)继承了皮克特王国(Pict-land)的王位，因此，斯科特王国(Scot-land)的名字就成了整个国家的名字。这个所谓的阿尔巴王国并不包括斯特拉斯克莱德、盖洛韦和洛锡安。经过很长时期的争夺，这些地区才成为苏格兰的一部分。但也正是由于这些地区，后来英格兰的君主有理由要求对苏格兰行使封建宗主权。[9]在那个时代，对封建宗主权的争夺并不是一个依据含混的编年史记载进行的封建解释而得出的权利问题，更多地只是依据兵戈而得出的权力问题。早期苏格兰也即凯尔特苏格兰留下的史料很少，其风俗、法律留存下来的也很少，现今人们所了解的一些知识都源于神话传说，或仅仅只是一个名称，而不了解其确切内涵，或者只能参照早期爱尔兰的一些情况。这点不同于早期英格兰。早期英格兰即盎格鲁撒克逊时代的法律在后世得以延续，并且在某种程度上成为英国自由宪政体制的起源。但人们对早期苏格兰的凯尔特法就一无所知，只能推测：到马尔科姆·康默尔统治时代，苏格兰存在着一个凯尔特法律体系。爱尔兰的布雷亨法在苏格兰有所适用，因为人们能在苏格兰后来的封建法中发现一些布雷亨法的影子，诸如法官制度等。[10]

截止11世纪，英格兰和苏格兰两个王国已经稳固地形成，它们都是黑暗时代的产物，并且在不同程度上保留有部落时代的因素。在接下来的岁月中，这两个国家都将经历一个封建化的过程。

第二节 封建化与盎格鲁化

继撒克逊人之后，11世纪英格兰又发生了两次征服，一次是卡努特领导的丹麦人的征服，另一次是威廉的诺曼征服。诺曼征服极大地改变了英格兰的历史。诺曼征服“不仅意味着一个新的王朝又入主英格兰（其实这对英国人来说并不新鲜），或者说剥夺或消灭了一个本土贵族的统治政权，它还带来了一个新的分裂的社会，一个有法国人和英国人共处的社会。在这里，占主导地位的少数人引进了与占多数的本地民众颇为不同的价值、规则和语言。在诺曼公爵的率领下，一队习惯于生活在封建体制下的骑士，带着熟悉最新教皇旨意的教士，还有众多仆从、商人，从大陆渡过海峡，接管了英格兰王国及其教会和财富。他们建立了一个军事的及半殖民性的政治构架，而他们那种不可一世的、强大的城堡和教堂也遍布整个英格兰。”通过征服，诺曼的威廉将欧洲大陆的封建制度引进了英格兰。在英格兰，封建主义主要体现在国王作为全国全部土地的所有者以及土地在各级封臣之间的逐级分封，同时与伴随土地分封而来的是司法权的私人化，各级领主在领地内建立封建法庭。[11] 在根本上，封建主义是一种在以土地为基础的经济殖民过程中所建立起来的社会、政治、军事与法律制度。或者更确切地说，诺曼引进的封建体系就是在货币、商贸普遍匮乏的情况下，通过对土地的垄断而保障经济收入，进而通过封臣间的军事义务建立起来的一种农业-军事制度。这点梅特兰也毫不讳言。“如果跨出法律史的界线，我们就可能发现这一运动[封建化——引者注]的一个主要原因是经济方面的。财富的分配变得越来越不公平。这可能与征服和争战有关，但我们不辞（当然也不能）将之主要归于暴力。……在产出很低的时代，这意味着土地将被不平等地分配，土地集聚到了富人之手，财富孕育了财富。但富人真正想要的并不是土地本身而是土地上的产出，他们希望其土地得到垦殖。再者他们希望自己的土地能够长久租赁在外，……将土地永久出租以获得长久的地租并非不明智的交易，人们并未指望从土地价格的涨落中获利。”[12]然而，英格兰的封建化具有与众不同的特点，因为它在权力分封的同时具有集权的特点，封建化的同时能够确保了较为稳固的王权。因此，“完全可以说在所有国家中英格兰史封建化程度最高同时又是最低的国家，征服者威廉在引进封建制度的同时也压制了封建制度”。[13]地产与统治权力在贵族阶层中分封以及较为稳固的王权，这种独特的封建主义在一定程度上确实可以说为英格兰宪政自由做出了最大的贡献。

11、12世纪，苏格兰同英格兰一样也经历了一个封建化的过程。在英格兰，封建化的过程同诺曼征服联系在一起，而苏格兰的封建化则同盎格鲁化联系在一起。忏悔者爱德华是英格兰撒克逊世系的末代君主，爱德华死后，继承撒克逊世系的是铁甲王埃德蒙的孙子埃德加。诺曼征服后，埃德加和他的两个妹妹逃往苏格兰国王马尔科姆·康默尔处寻求避难。康默尔娶了埃德加其中一位妹妹玛格丽特为妻。玛格丽特王后对苏格兰的盎格鲁化起到了重要的作用。她改革了苏格兰的宫廷，并引入罗马教会的体制改革古老的凯尔特基督教，更重要的是，随着大批英格兰人前往苏格兰低地地区避难，苏格兰的商业开始发展起来。苏格兰的盎格鲁化在大卫一世时期取得更大的进展。大卫一世推崇罗马教会体制，努力扩展主教制度，摧毁了原始的凯尔特基督教体制(Culdees)。更重要的是，大卫一世效仿英格兰诺曼君主将土地封授给追随自己的主要贵族，以此在苏格兰建立起封建体系。在封授土地时，大卫一世并不改变土地的实际所有状况，只是将对土地的权利分封给大小贵族，而原先的土地所有者则成为新地主的佃户。这些新出现的从国王直接领受土地的直属封臣在各自领地内建筑城堡，直属封臣全家以及佃农们生活其中。这位直属封臣成为地方生活的中心，是他所统领地区的无冕之王。同时，大卫一世也对苏格兰宫廷进行改造，引进了英格兰诺曼君主所采用的枢密院，以及强化了同样从英格兰引进的官僚制度，使各个重要官职成为世袭官职。如同所有封建体系一样，大卫一世在苏格兰建立的封建体系也是封闭世袭贵族团体对土地以及统治权力的垄断。他的改革在苏格兰确立了以盎格鲁-诺曼贵族与骑士为主体的统治秩序。

在经济上，大卫一世统治时期，苏格兰的商业贸易再次兴盛起来。富尔顿(Fordun)写道："大卫使苏格兰王国的港口变得富足起来，各国商贩摩肩擦踵，他增添了苏格兰的财富，……过去着粗布的现在穿上华丽的衣衫，过去衣不蔽体的如今也能穿上棉麻粗布。"[14]在大卫一世时期变得富足的苏格兰人逐渐地抛弃了过去原始粗野的生活习俗。而在苏格兰低地地区从事商业活动的大部分是英格兰人以及弗莱明人。随着商业的发达，苏格兰低地及东部海岸地区逐渐出现了一些重要的市镇，大卫一世授予这些市镇不同的贸易垄断权，给予其中的市民、商人许多特权。这些市镇中实行的法律与特权在很大程度上是效仿英格兰市镇的模式建立起来的，而且市镇中大部分人口都来自英格兰和弗莱明。[15]大卫一世娶诺森伯兰伯爵的女儿为妻，由此他获得了亨丁顿(Huntingdon)伯爵领地作为嫁妆，同时对诺森伯兰伯爵领地拥有正当的权利主张。由大卫一世起，苏格兰国王就在英格兰领有土地，按照封建法，苏格兰国王就成为英格兰国王的封臣。在大卫一世之后，这些土地成为苏格兰与英格兰领土争端的主要导火索，在国王更迭的过程中，由于双方实力对比的变化，对这些地区的权利要求也在变化。争端一直持续到1236年苏格兰国王亚历山大二世与英格兰国王亨利三世签订《约克条约》才告一段落。条约规定，亚历山大获得诺森伯兰境内的一些土地(300 librates)，并且这些土地不涉及任何政治权力，在上面不得建造城堡；作为交换亚历山大必须放弃他在英格兰领有的其他封地。[16]

自大卫一世起，苏格兰系统的封建化持续了两百多年。[17]封建化成为康默尔王朝确立其在苏格兰统治权的重要手段之一。苏格兰封建化的过程效仿英格兰诺曼征服后的做法，并且许多出身诺曼-法兰西的贵族、骑士成为封建化的主要力量，而英格兰的主教在改造苏格兰凯尔特教会的过程中发挥了重要作用。爱德华一世时期有一位作者曾描述那个时代的苏格兰，他写道："现今，苏格兰的国王们都以自己是法兰西[诺曼]出身而骄傲，他们无论在生活方式、语言还是文化上都极力以诺曼为傲。他们把斯科特人完全当成奴隶，唯独只允许法兰西人成为他们的朋友，为他们效劳。"[18]苏格兰封建化的过程在很大程度上是盎格鲁化的过程，甚至许多苏格兰本土贵族在这一过程中也不得不采取诺曼贵族的生活与行为方式。盎格鲁化的一个重要特征体现在语言的变迁上，中世纪开始时所谓的斯科特语（Scot）指的是盖尔语，而到中世纪结束时，它指的已经是英语的一种方言了。[19]

总之，从 11 世纪到 13 世纪末的二三百年间，英格兰与苏格兰是两个彼此独立的王国，大体上还能保持友好与和平，并且还有彼此融合的趋势。一方面这是由于苏格兰自身在封建化的过程中，王国大部分地区至少低地地区在习俗、法律、制度方面已经受到英格兰相当大的影响。另一方面，英格兰正在征服威尔士与爱尔兰，以及必须防御法国国王对加斯科尼的侵犯，因此不得不与苏格兰保持友好与和平。[20]

第三节 独立战争

1285 年苏格兰国王亚历山大三世被杀后，英格兰国王爱德华一世积极寻求两国的联合。野心勃勃的爱德华有充分理由联合两个王国。首先,近百年来英格兰与苏格兰之间已经没有什么征战,彼此之间变得友好和平,商贸往来更加频繁。其次,亚历山大三世与英格兰宫廷已经有联姻,他娶了爱德华一世的妹妹玛格丽特,亚历山大三世和玛格丽特曾经一起出席了爱德华一世的加冕仪式。亚历山大三世的三个儿子相继去世以及国王本人去世后,国王的孙女玛格丽特也即爱德华一世的孙外甥女将继承苏格兰的王位。苏格兰枢密院会议承认了女王的继承权,并为其指派了六位监国。但年幼的女王仍然处在危险中,苏格兰的王位觊觎者众多。在这种情况下,爱德华一世同玛格丽特的外公挪威国王决定让爱德华一世的儿子娶苏格兰女王,通过两国的联姻实现联合,这一决定得到苏格兰贵族的同意。爱德华派船将玛格丽特接到英格兰,不幸的是,在回程的途中,年幼的苏格兰女王最终难逃劫难。爱德华一世试图通过联姻实现英格兰与苏格兰联合的梦想也随之死亡。在爱德华一世向苏格兰主张封建宗主权的过程中,蒙茅斯的杰弗里的《不列颠诸王史》起到了重要的作用。杰弗里"历史"中写道,不列颠岛的第一位国王布鲁图斯将不列颠岛分给了他的三个儿子,长子继承了罗格里亚,次子得到威尔士,幼子分得苏格兰。因此,在爱德华一世看来,作为长子的后嗣,英格兰有权对苏格兰行使封建宗主权。

玛格丽特死后,康默尔的世系断绝了。此时竞争苏格兰王位的贵族达到 13 个之多。苏格兰贵族将苏格兰王位的决定权交给爱德华一世。经过慎重考虑,王位被交给了约翰·巴里奥尔。之后,爱德华一世利用自己作为苏格兰国王封建宗主的身份不断羞辱激怒巴里奥尔,直到巴里奥尔以及其他苏格兰贵族反叛英格兰。爱德华一世充分利用这个机会,举兵攻入苏格兰。贵族林立的苏格兰根本无力抵抗爱德华的大军,很快成为爱德华的囊中之物,巴里奥尔也向爱德华投降。爱德华任命了总督、财政大臣、司法大臣一些官员之后带着象征苏格兰王位的命运之石回到英格兰。苏格兰完全成为一个被征服的国家。

爱德华一世的征服与统治引起苏格兰民众的强烈反抗。反抗首先由一位底层绅士威廉·华莱士领导。华莱士很快打败了爱德华在苏格兰的守军以及任命的官员。胜利后的华莱士以监国的名义统治苏格兰。但仅过一年,爱德华重新侵入苏格兰,并很快将华莱士打败,整个苏格兰很快又臣服在爱德华的脚下。第二次征服苏格兰后,爱德华尽量保留了苏格兰原有的法律与习俗,保留了大部分郡守。1305 年在伦敦召开的英格兰议会有苏格兰的代表出席。爱德华在苏格兰的统治仍不稳固,这次领导苏格兰反叛爱德华的是贵族罗伯特·布鲁斯。此前在爱德华入侵苏格兰,敉平华莱士的过程中,布鲁斯曾协助过爱德华,并出席了 1305 年爱德华召开的议会。但是,罗伯特·布鲁斯残忍地将另一位最有理由竞争苏格兰王位的贵族杀死后,被加冕为苏格兰国王。布鲁斯有更多的理由与英格兰斗争,他将为了苏格兰的独立,更为了自己的王位而战。1314 年在班诺克本一役中布鲁斯大败爱德华一世,为苏格兰赢得了独立。此即著名的"苏格兰独立战争"。[21] 14 年之后,英格兰与苏格兰签订《北安普顿条约》,正式承认苏格兰的独立地位。

罗伯特·布鲁斯不仅为苏格兰赢得了独立,更重要的是他通过将英格兰议会的经验引进苏格兰,对苏格兰的政制进行了重要的改革。苏格兰早先存在的大资议会(Great Council)由在理论上国王的所有直属封臣出席,但实际上只有最有势力的若干贵族有权参加。1326 年布鲁斯召集了一次议会,这次议会不同于以往苏格兰议会的地方在于,参加这次议会不仅有贵族还包括苏格兰各市镇的市民以及其他全部直属封臣("burgesses and all other free tenants of kingdom")。[22]

爱德华一世野心勃勃试图将苏格兰像威尔士一样永久兼并,结果却造成了此后两个王国之间持续长达四百年的仇恨。在苏格兰人看来，挫败爱德华一世野心的不仅有苏格兰莽莽群山，更是苏格兰人的自由阻止爱德华一世将苏格兰兼并。在班诺克本战役开战前，布鲁斯鼓舞苏格兰的战士们："自古以来，苏格兰的群山和苏格兰人的勇武就保护了他们的自由，让罗马帝国的一切经营落空。只要他们配得上慷慨恢弘的先辈，仍然足以抗击英国暴君最可怕的侵凌。苏格兰人生于欧洲最古老的独立国家，屈服于任何主子的意志，都是极不得体的。"[23]

爱德华一世联姻-兼并政策失败后，英格兰与苏格兰两国结下了世仇，彼此之间经常时战时和，各有胜负。经过独立战争之后，苏格兰民族情感围绕着对爱德华一世以及英格兰的仇视为核心逐渐产生。"到1286年，苏格兰已经产生某种类似于民族情感的感情。……这种民族情感强烈地反对爱德华一世的权力主张，并激发了人们抵抗爱德华一世的激情。"[24]苏格兰王权承担了保卫苏格兰民族独立这一重任，王权的力量同苏格兰的民族独立相互联合。在这过程中，苏格兰王国在对抗南方强大邻国英格兰的过程中，不断寻求同英格兰的宿敌法国结盟。由此奠定了苏格兰与法兰西之间长久的盟友关系。同时，在保证苏格兰自身独立的前提下，苏格兰国王仍然不断地学习仿效英格兰的经验。苏格兰的许多贵族容易受到英格兰国王的收买，被英格兰国王控制，成为反对苏格兰王权的势力。苏格兰斯图亚特王朝詹姆斯一世就努力削弱贵族势力，加强王权。此外，他还采取了将南部许多伯爵领地并入王室的做法。詹姆斯一世在加强王权的同时也促进了苏格兰议会的发展。"詹姆斯深刻地了解兰开斯特王朝鼎盛时期宪政的精髓，他的理想是一个建立在议会同意基础上的强大王权。"[25]詹姆斯通过加强底层贵族在议会中的力量从而支持自己反对大贵族。因此，他强迫低级封臣参加议会。

第四节 联姻、战争与新教革命

苏格兰独立战争之后的一二百年里，英格兰与苏格兰作为各自独立的王国，相互之间不断地征战。直到都铎王朝开国之君亨利七世登上王位之后，两国的关系有所改观。据说在亨利谋取英国王冠的过程中，苏格兰国王詹姆斯三世曾经给予过重要的帮助。[26]英格兰国王亨利七世继爱德华一世之后又重新开启了联姻和亲的道路。1501年，詹姆斯四世接受了亨利七世第三次提出的联姻请求，同意娶亨利七世的女儿玛格丽特公主为妻。亨利七世英格兰与苏格兰的联姻一方面再次承认了苏格兰的独立地位，另一方面也暂时缓和了两国之间积怨已久的仇恨，亨利七世在位期间，英格兰与苏格兰两国都没有再发生战争。同时，这次联姻也为两国王室的合并开创了可能性。苏格兰诗人邓巴（Dunbar）将这次著名的联姻誉为蓟与玫瑰的联合（Union of the Thistle and the Rose）。[27]在《英格兰与苏格兰联合史》中，笛福称亨利七世的这一次联姻行动时后来的"联合之母"（Mother of Union），为最终两国王室的联合奠定了基础。[28]

但是，亨利七世通过联姻带来的和平并未持续长久，1509 年亨利八世继位后，英格兰与苏格兰很快重新陷入冲突与战争之中。1513 年两国爆发了弗洛登（Flodden）之役。这次战争爆发的直接原因是亨利七世的遗产分配。亨利七世去世时留下了许多珠宝和其他一些财产给玛格丽特，却被亨利八世据为己有。[29]其次，两国边境上的不时的冲突摩擦也导致了彼此仇恨的加深。最后，整个欧洲的局势加剧了两国间再次爆发战争。1511 年，西班牙、奥地利和英格兰组成了反对法国的联盟。作为法国的古老盟友，苏格兰深感忧虑。苏格兰国王詹姆斯四世竭尽所能阻止上述联盟的形成，并同丹麦、法国结成联盟。法国要求苏格兰在不列颠北部牵制英格兰。弗洛登之役正是在这个大背景下爆发。经此一役，苏格兰不仅国王战死，国内贵族精华尽损，但对英格兰而言，弗洛登之战只是其历史上的一个小插曲。

詹姆斯五世去世后，亨利八世试图效法亨利七世联姻的做法，要求将苏格兰年幼的女王嫁给英格兰威尔士王子（即后来的爱德华六世）。苏格兰人不愿意接受亨利八世强势安排的联姻。亨利八世令赫特福德伯爵（Earl of Hertfort）入侵苏格兰。赫特福德的这次“求爱”（English Woo）之战与其说是战争，到不如说是蹂躏。弗洛登之后的苏格兰已经完全没有对抗英格兰的能力。赫特福德的入侵变成不分男女老幼的屠杀。正是在英格兰的强大压力下，苏格兰不得不放弃詹姆斯四世与亨利七世联姻亲善的政策，再次同法国结盟。

到中世纪晚期，两个毗邻的独立封建王国在许多方面都具有相似性。在法律与制度方面，两个王国的法律与制度在起源上都具有相同的封建起源，只是到了中世纪晚期之后，才朝着不同的方向发展。苏格兰的议会才成为一院制议会，三个等级的人齐聚一堂议事，而不像英格兰议会分为上下两院议事。而当时议会所具有的实力而言，苏格兰议会与英格兰议会并无实质差别，两个国家的议会都是软弱无力的，只是受人操纵的工具。议会上真正的差别产生于伊丽莎白时代，英格兰议会实力在不断上升，而苏格兰的议会依然只是君主的玩物。法律方面，在中世纪的苏格兰，教会法对苏格兰法律的发展起到重要的作用，十六七世纪时又大量接受民法的影响；而在英格兰普通法在很早时就取得主导地位，并排斥罗马法的影响。[30]英格兰与苏格兰政制上的最重要差别在于苏格兰的王权弱小。各个大贵族都是各自领地内的诸侯，他们和各自的附庸控制着地方政府。苏格兰的政治动荡也主要在于王权软弱不堪，这种缺陷在国王年幼无法亲政时尤其突出，例如詹姆斯五世与玛丽女王年幼时苏格兰贵族施行的各种内外勾结的阴谋。英格兰由于诺曼征服和亨利二世时期的改革而一劳永逸地解决了的巩固王权的问题，苏格兰直到詹姆斯六世（即英格兰的詹姆斯一世）时才有机会试图解决。

苏格兰的新教亦是在这种大背景之下发芽生根。因此，它比英格兰王室领导下的宗教改革表现出更加极端的特点。苏格兰王室必须依赖法国的支持以对抗英格兰国王，而法国是一个天主教国家，这就导致苏格兰国王不可能具有彻底改革教会的动力。相反，支持宗教革新的是苏格兰的贵族，他们与其说是对新宗教的纯洁性感兴趣，不如说是觊觎教会地产。在伊丽莎白一世的支持下，苏格兰新教派迅猛发展。1559 年，在一支英格兰舰队的支持下，新教徒围困了摄政法国吉斯家族的玛丽。第二年，玛丽去世，于是，政府就掌控在长老会的手中。长老会召集议会，1560 年的这次议会在苏格兰历史上具有重要地位，它确认新教教义作为苏格兰国教教义（*First Book of Discipline*）。1560 年确立的教义仍然只是以约翰·诺克斯的教义为准，到 1581 年新教派则掌握在安德鲁·麦尔维尔（Andrew Melville）手上，议会通过的教义（*Second Book of Discipline*）变得更加激进。[31]麦尔维尔完全确立了教会独立于国王世俗权威的地位，并且通过建立等级森严的教会法院，从而正式创立了苏格兰长老会。通过长老会，麦尔维尔不仅确立了自身在苏格兰教会中的地位，同时也使长老会大会这一每年召开一次的会议成为全国性机构。苏格兰长老会大会作为宗教最高法院成为苏格兰宗教领袖对抗世俗权威最有利的工具。王室既无法无视又没有能力控制这一机构。直到 1584 年，詹姆斯通过了“黑暗法案”（Black Acts）瓦解了长老会革命的力量，麦尔维尔等宗教领袖逃亡英格兰，但从此，主教制与长老会派的斗争才刚刚开始。16 世纪中后期，英格兰与苏格兰都已经致力于宗教改革，在英格兰，宗教改革开始得比苏格兰早，并且整个进程始终由王室主导和掌控。16世纪末，詹姆斯六世才试图模范英格兰王室主导宗教改革的做法。“詹姆斯利用的一套神圣王权理论起初是为了建立英格兰风格的对苏格兰教会的王室至高权力。詹姆斯为了回应本质上就是反帝国主义的长老会思想，不得不全心全意地拥抱英格兰发展出来的帝国思想，仿效都铎王朝对教会与国家都拥有至高权力的主张。”[32]然而，詹姆斯的努力来得太迟，在苏格兰，长老会已经茁壮成长，它所要求的已经不仅仅是宗教改革，而是政治革命。斯图亚特王朝入主英格兰后，宗教上的斗争引发的政治革命开始在整个不列颠岛蔓延。詹姆斯的努力开启了不列颠“17世纪的危机”，并带来了政治上一系列的混乱。

注释

1. William Ferguson, *Scotland's Relations with England: A Survey to 1707*, Edinburgh: John Donald Publishers, 1977, p.5.

2. Robert. Rait, *The Making of the Nations: Scotland*, London: Adam & Charles Black Press, 1911, P.1.

3. 因此，无论从语言学还是考古学上加以论证，这些争论本身都并不重要。更加重要的是论争者对于所论争对象的身份归属所持的态度。例如，对于皮克特人到底属于凯尔特人一支还是哥特人一支更多地反映了论争者对苏格兰北部，整个苏格兰在整个不列颠的地位问题上所持的态度。所谓人类学、语言学或者考古学是论证自身态度的一种“科学”方法。按本尼迪克·安德森的看法，民族只是一个“想象的共同体”，语言学、考古学的“科学”论证更多地给予这种“想象的共同体”科学的属性。

4. 可参阅 Robert. Rait, *The Making of the Nations: Scotland*, London: Adam & Charles Black Press, 1911；[爱]艾德蒙·柯蒂斯：《爱尔兰史》，江苏师范学院翻译组译，南京：江苏人民出版社，1974年；[美]克里斯托弗·斯奈德：《不列颠人：传说和历史》，范勇鹏译，北京：北京大学出版社，2009年。

5. [英]大卫·休谟:《英国史》(卷一),刘仲敬译,长春:吉林出版集团,2010年,第4页。

6. William Ferguson, *Scotland's Relations*, p.4.

7. [英]大卫·休谟:《英国史》(卷一),第19页。

8. Robert. Rait, *The Making of the Nations: Scotland*, pp.7－11.

9. 有关历史叙述参阅 Robert. Rait, *The Making of the Nations: Scotland* 以及 William Ferguson, *Scotland's Relations* 的相关论述。按照威廉·弗格森的看法,从罗马不列颠时期开始,不列颠岛内部存在三条边界线:分别是福斯湾-克莱德一线的安东尼长城、泰恩河(Tyne)-索尔维(Solway)之间的哈德良长城、以及最终经过长久争夺之后形成的现今这条界线。参阅 William Ferguson, *Scotland's Relations*, p.10。

10. William Ferguson, *Scotland's Relations*, p.13.关于古代爱尔兰的布雷亨法律参阅[英]亨利·梅因:《早期制度史讲义》冯克利、吴其亮译,上海:复旦大学出版社,2012年。

11. [英]梅特兰:《英格兰宪政史》,李红海译,北京:中国政法大学出版社,2010年,第142－143页。关于英格兰封建化的过程以及诺曼征服的意义,存在极大的争议。英格兰本土辉格派作家更多地淡化诺曼征服对英格兰历史所产生的影响,而强调盎格鲁-撒克逊英格兰与诺曼征服之后的英格兰之间的延续性。基于这点,这些学者们乐于在盎格鲁-撒克逊时代的英格兰寻找类似于封建主义的社会、法律结构。参见梅特兰:《英格兰宪政史》,第141页以下。相反,欧洲大陆作家如卡内冈则更多地强调诺曼征服对于英格兰封建化所起到的重要作用,参见[比]范·卡内冈:《英国普通法的诞生》,李红海译,北京:中国政法大学出版社,2003年,第5－14页。

12. [英]梅特兰:《英格兰宪政史》,第145页。

13. [英]梅特兰:《英格兰宪政史》,第142页。自12世纪晚期,英格兰的封建主义在政治、军事和司法上就已失去其意义,只在土地保有和财税体制上留有封建主义的痕迹。封建主义不等于主权分割,政治上的分裂。在不同历史时期、历史语境下,封建主义可能意味着集权下的贵族分权,也可能指王国解体状态下的封建。同时可参阅[比]范·卡内冈:《英国普通法的诞生》,第9页。

14. 转引自 Robert. Rait, *The Making of the Nations: Scotland*, p.29。

15. Robert. Rait, *The Making of the Nations: Scotland*, p.31.

16. *Idid*., p.54.

17. 如果说封建化是罗马帝国解体后西欧蛮族从野蛮走向现代主权国家的一个过渡阶段,那么苏格兰封建化是极其不充分的。这点首先体现在苏格兰的王权始终是十分衰落的,带有更多部落首领的特色;其次即便到相当晚近,苏格兰的体制仍然具有许多部落的特征。"对于一位已成为国王的封建首领而言,他对王国境内的臣民主张司法管辖权,是一件理所当然的事。当然,该过程充满了艰苦卓绝的斗争,因为国王所宣称的司法管辖权与那些选举他为国王的封建领主们的司法管辖权相冲突,毫无疑问,后者的权力被削弱了。但正如我们缩减,国王取得了最后的胜利。在英国,这个胜利很早,而且很彻底。因为英国本身就是一个采邑,一个握在手中的采邑,王室领地与王国是共存的。12世纪的英国国王不得不在宪章中承诺'所有判决必须平等且仁慈'。国王不仅是战争中的统帅、国内和平的维护者,还是法官。这场战斗在其他国家持续的时间更长,也更为卓绝。在法国、苏格兰以及德国,国王并没有取得完全胜利。……在苏格兰,国家仍要面对比封建封臣还要强大的敌人。在1587年的苏格兰国会记录中,有一段意味深长的文字:'氏族拥有自己的首领、族长和队长,氏族依靠这些人常反对边界和高地上的地主以及氏族分支中一些特殊人。'"[英]爱德华·甄克斯:《中世纪的法律与政治》,屈文生、任海涛译,北京:中国政法大学出版社,2010年。从这点可以看出,和欧洲大陆许多国家一样,苏格兰的封建化远不如英格兰的成功。

18. Robert. Rait, *The Making of the Nations: Scotland*, p.63.

19. *Ibid*., p.63; William Ferguson, *Scotland's Relations,* p.14.

20. William Ferguson, *Scotland's Relations,* p.23.

21. 无疑,苏格兰独立公投选择在2014年,尤其别有深意。苏格兰独立战争胜利700周年的特定含义更容易激起民众的民族主义情绪。

22. Robert. Rait, *The Making of the Nations: Scotland*, p.95.

23. *Ibid*., p.93.

24. William Ferguson, *Scotland's Relations,* p.26.

25. Robert. Rait, *The Making of the Nations: Scotland*, p.100.

26. William Ferguson, *Scotland's Relations,* p.39.

27. Robert Rait, *An Outline of the Relations between England and Scotland*, London: Blackie & Son Press, 1901. p.102.

28. James Mackinnon, *The Union of England and Scotland*, London: Longmans Press, 1907, p.47.

29. Robert Rait, *An Outline of the Relations between England and Scotland*, p.103.

30. Robert. Rait, *The Making of the Nations: Scotland*. William Ferguson, *Scotland's Relations*.

31. Ernest R. Holloway, *Andrew Melville and humanism in Renaissance Scotland, 1545 – 1622*, Leiden: Koninklijke Brill NV, 2011. pp.205 – 209.对王室权威而言,麦尔维尔教义最致命的两点在于:牧师平等的观念以及两个王国理论。牧师平等的理念实质上等于终结了教阶森严的主教体制;尘世王国与基督之国双重王国的区分剥夺了国王对教会的统治权力。《第二训导书》与《第一训导书》的主要差别在于也在于它坚持了牧师平等的观念以及教会权威与王权权威平行的观念。参阅 Robert. Rait, *The Making of the Nations: Scotland*, p.158; William Ferguson, *Scotland's Relations*。

32. Roger Mason, ed., *Scots and Britons: Scottish Political Thought and the Union of 1603*, London: Cambridge University Press, 2006, p.10.在都铎王朝的宗教改革过程中,帝国这个概念发挥了至关重要的作用。1533年,亨利八世宣称"英格兰王国就是一个帝国,它本身是完整的",不受英格兰之外任何权威的干涉。亨利八世的帝国宣言的主要目的在于确认了自己在英格兰王国内不论对于宗教事务还是世俗事务都具有最高的司法权威。尽管亨利八世的宗教改革都是通过议会立法的形式进行,仍然不免使当时许多学者,从1530年代的圣·热尔曼到1590年代的理查德·胡克,都认为亨利八世宗教改革得以成功的奥秘在于亨利八世利用了王室权威凯撒-教皇主义的一面。正当英格兰王室借助帝国概念进行宗教改革之时,在苏格兰进行的却是一场反帝国的工作。罗杰·马森认为,苏格兰的反帝国主义情绪的根源有两点:其一,自从爱德华一世的征服以来,帝国概念在苏格兰便成为令人厌恶的,意味着确立了英格兰对苏格兰的封建宗主权;其二,在1560年苏格兰宗教改革中新教牧师充当了急先锋，他们虽然迫切地需要同英格兰亲善，但仍然十分警惕英格兰王室的主权主张。这样，在整个苏格兰宗教改革的过程中，帝国语言是缺失的，充斥着的都是教会和国家各自独立这种"双重王国"理论。参阅 Roger Mason, "George Buchanan, James VI and the Presbyterians", in Roger Mason ed., *Scots and Britons*, pp.126－130。

第四章　王室联合(1603－1660年)下的政制变迁与英格兰-苏格兰的三次联合

伊丽莎白一世去世后，经过亨利八世、托马斯·克伦威尔努力打造的强有力的都铎王室政府由于受到一系列接连发生的事件的影响，逐渐衰弱。17世纪的不列颠始于英格兰与苏格兰的王室联合。然而，王室的联合并未真正缔造一个更加强有力的王权，它丝毫未能阻止以王权为首脑的王室政府的衰弱。相反，由于苏格兰这一"边疆"因素的介入，"中央"政府无论在统治合法性还是统治实力方面都面临着更大的挑战。詹姆斯一世提出的"神圣王权"理论试图为17世纪斯图亚特王朝的统治奠定强大的理论基础，但正是詹姆斯提出的这一多少有些无视英格兰议会传统的理论激起了17世纪最为激烈的宪政理论辩论。查理一世鲁莽而失败的苏格兰政策最终将自己逼向绝境，开启了内战的序幕。在另一方面，社会底层的发展与王室绝对权力的主张背道而驰，并最终决定了历史的进程与未来的宪政结构。美洲输入的白银导致的通货膨胀严重地削弱了王室的经济实力，教会也面临着清教徒持续不断的攻击。下院的实力在不断地增强，并开始要求独立地位，而通过购买亨利八世出售的教会地产出资帮助国王打战而成长起来的士绅阶层亦野心勃勃，威胁与限制着王权与贵族的力量。所有这些，经济上的、宗教上的以及政治上的变迁都导致王室的权力遭受到批评。这些不满和指责在詹姆斯一世以及查理一世时期变得越来越明显，并集中体现在国王与下院的冲突当中。内战一触即发。内战导致了宪政与宗教的革命，并终于克伦威尔的军事统治。1660 年，随着国王的回归，复辟终结了革命。但是，尽管国王能够复辟，但托马斯·史密斯所描述的那种国王与议会融洽无间、相得益彰的政制景象已经一去不复返，复辟后的政制结构必须承认下院所代表的士绅阶层的力量，以此平衡王室的力量。这是经历过内战洗礼之后，英格兰政制上的“议会主权”理论所必须具有的新的含义，“议会主权”不仅仅意味着王国最高权力基于“国王加议会”的统一体，更意味着国王必须承认下院的力量，甚至必须依赖下院行使统治权。因为，没有下院给予的税收收入，国王就无法统治，政府变得更加依赖议会。然而，复辟后，查理二世和詹姆斯二世依然试图恢复君主的绝对统治，因此，1688 年，革命又再一次爆发。“光荣革命”的结果就是立宪君主制，国王不再高高在上是国家的首脑，事实上必须受制于议会中的有产阶层。新产生的控制与推动政府运转的力量是政党，辉格党与托利党这两大政党成为了威廉三世之后英国政治活动的主角。

这个时期英国的历史进程是在欧洲“17 世纪的普遍危机”的大背景之下发生的。特文·洛佩认为，17 世纪的欧洲经历了一场普遍的危机与革命。这场危机与革命的性质是 16 世纪复兴与成长起来的文艺复兴式的宫廷与底层社会之间的紧张关系。16 世纪，随着教皇权力的衰弱与宗教改革的进展，从旁崛起的是文艺复兴式的君主。“16 世纪欧洲君主的兴起是一大令人惊讶的奇观。他们一个接一个地崛起，首先出现在意大利和勃艮第，之后是整个欧洲。”[1]这些君主逐个地将从前的自治城市吞并，成为一个个庞大的君主国、帝国。宫廷成为王室扩张的有力工具。随着国家的庞大，王室宫廷也变得更加臃肿，并且由于文艺复兴的作用，变得异常奢华。这个宫廷权力的寄生阶层消耗掉了国家大部分的财政收入，压榨、打压了社会的经济活力。[2]当苏格兰的詹姆斯六世继承英格兰王位时，他希望追随欧洲的普遍趋势，使苏格兰与英格兰两个王国不仅在他个人人身上实现联合，更要实现两个王国政治上的联合，缔造一个统一的不列颠帝国。[3]但是，由于王室与议会关于政制形式存在分歧，王室主导下的议会联合最终以失败告终，并且，只要议会与王室之间关于宪政形式的争论未得到解决之前，王室的构想在整个斯图亚特王朝期间都不再有成功的希望。在17世纪里，取而代之的是另外两次的联合尝试。

在王室复辟之前，英格兰与苏格兰之间发生了三次主要的联合。这三次联合的努力代表了看待不列颠国家形式的三种不同视角。首先是不列颠帝国的视角；其次是苏格兰人的视角；最后是哥特视角。[4]不列颠帝国式的视角主要由王室倡导，试图通过王权统一整个不列颠岛。苏格兰人的视角坚持人文主义的贵族共和思想，试图在英格兰与苏格兰之间构造一种邦联式的联合关系，在这一视角中，共同的新教是英格兰与苏格兰能够联合的基础。可以说，苏格兰长老会主导的“庄严联盟与约法”是这一视角的体现。英格兰人坚持自己的哥特传统，他们坚持英格兰议会和普通法具有最高的地位，英格兰与苏格兰的联合必须建立在议会主权的基础上。詹姆斯一世喜欢以君士坦丁大帝自居，但他更喜欢将自己比作《圣经》中的神圣君主所罗门。

在这个叙事框架之内，我们需要关注的是两方面的内容：其一是三次与苏格兰联合的问题，即詹姆斯一世时期倡导的议会联合、以及“庄严联盟与约法”下的联合以及克伦威尔共和国时期的联合问题。其二是三次的联合与英国宪政发展之间的内在关联，这其中很重要的问题是主权的归属问题。17世纪英国的宪政革命紧紧围绕着主权究竟是按照斯图亚特王朝神圣王权理论主张的那样单独属于国王所有，还是像议会派主张的那样由平民院、贵族院和国王三位一体的统一体所有。17世纪英格兰与苏格兰数次联合的努力与同时期英国宪政的争论这两方面的内容可以说是完全不可能分开处理,任何一次与苏格兰联合的努力都涉及到政制的安排以及关于主权归属问题的争执。对英国来说,17世纪是一个充满危机与革命的世纪,是其君主立宪政体最后得以成型的时期,在某种程度上说,也是“现代”得以孕育的时代。然而,关于这一时期的宪政与革命的叙事往往都忽视了与苏格兰联合的问题。

第一节 神圣王权理论与1603－07年的联合

“按照普通法,国王以国王身份所做出的行为不会由于其未成年而导致无效。因为国王自身拥有双重身体,即自然的身体与政治的身体。他的自然身体(如果仅就其自身而言)是有朽的身体,也要承受自然或者意外所带来的所有弱点,也会由于年幼或年老而显愚钝,他也会像所有其他普通人的自然身体一样,要承受各种缺陷。但是,国王的政治身体是不可见,亦不可触碰的,它由政策与政府组成,为了引领人民、管理人民的公共利益而组成。这重身体完全没有年幼、年老,也不会受自然身体所要遭受到的各种缺陷与愚昧的影响。因此,出于这一原因,国王以其政治身体所行之事不能因其自然身体的任何缺陷而导致无效或有瑕疵。”[5]普洛登(Plowden)关于国王未成年时的一些土地转让行为是否合法有效的判例汇编中最早地出现了关于国王的双重身体的论述。国王的政治身体的出现标志着国家作为一个法人的观念已经产生,因此,国王作为共同体-国家的代表具有自然身体与政治身体双重位格。国家作为法人观念的出现同时也意味着共同体地位的上升,国王不再是“彻头彻尾的王者”,也不再是“彻头彻尾的自然人”,人们能够以共同体的理由对其加以评论。[6]

1603年,苏格兰国王詹姆斯六世继承英格兰王位,成为英格兰国王的詹姆斯一世。詹姆斯继承王位实现了英格兰王国与苏格兰王国王室之间的联合(Union of the Crowns)。王室的联合是亨利七世主导的英格兰与苏格兰两国联姻政策所结下的最理想同时也是最自然的果实。亨利七世倡导对苏格兰实行联姻政策时，曾经有大臣反对，认为联姻政策有可能使英格兰王国被吞并的危险。然而，亨利七世富有远见地指出，即使将来要吞并，那么也是更加强大的英格兰王国吞并苏格兰王国。

继承强大的英格兰王国的王位曾经是詹姆斯梦寐以求的梦想，为此，他不惜默许伊丽莎白一世将苏格兰的玛丽送上绞刑架。[7]随着1603年詹姆斯六世移驾伦敦，詹姆斯的梦想终于得以实现，拥有了强大的英格兰王国之后，他再也不受苏格兰贵族与教徒诸如麦尔维尔之流的屈辱。同时，在某种程度上，王室的南移也实现了亨利七世的预言，更强大的王国终将并吞弱小之国，尽管名义上，在王室实现联合之后，英格兰王国与苏格兰王国仍然是独立的两个王国。王室联合之后，詹姆斯便具有两重身份：当他统治苏格兰时，他是苏格兰国王詹姆斯六世，而当他统治英格兰时，他是英国国王詹姆斯一世。但是，按照上述普洛登《案例汇编》中“国王双重身体”的理论来看，在王室联合之下，国王不是拥有双重身体，而是拥有“三重身体”：即詹姆斯的自然身体、苏格兰王国的政治身体、英格兰王国的政治身体。王室虽然实现了联合，但是英格兰王国与苏格兰王国这两重政治身体并没有因为王室的联合而自然联合。英格兰与苏格兰仍然是独立的王国，两个国家之间仍然存在不同的法律、不同的教会体制。詹姆斯将他所继承下来的这一体系称为“帝国”，他说，应当感谢上帝“使我们的帝国比我们先辈和先祖时都要辽阔与强大，感谢上帝的恩典，我们按照古老的继承权，以最和平的方式将王权扩及整个不列颠岛。”[8]“帝国”的观念对于詹姆斯有几层的含义。首先，他可以像亨利八世一样以之对抗教皇的权威，另一方面，帝国观念也很好地表达了英格兰与苏格兰王室联合之后多重王国的处境。当詹姆斯试图将王室联合推向更加紧密的联合时，他希望将多重王国统一成真正的帝国。

但是，詹姆斯的不列颠帝国并未很好地整合。为了摆脱“三重身体”导致的不便，将英格兰与苏格兰政治联合势在必行。将英格兰与苏格兰这两顶王冠熔化成一顶更加耀眼的“大不列颠国王”王冠是詹姆斯国王之后渴望实现的理想。这意味着要将两个较为弱小的王室行政体系锻造成为一个统一的、更加强大的王权，缔造一个“不列颠所罗门”(British Solomon)。为了实现这一宏愿，詹姆斯有许多任务亟待完成，他必须统一法律、统一教会、统一议会。

在继位后召开的第一次议会中，詹姆斯一世就向议会提出了联合的设想，其中包括议会的联合、教会的联合以及法律的联合。詹姆斯认为，自己的继位是出于上帝的恩惠(grace)，而上帝给予英格兰人的福佑首先是詹姆斯的继位带来了外部的和平(outward peace)：即与所有邻国保持和平。[9]但是，尽管外部的和平是一项巨大的福佑，但相比来说，内部的和平才是更大的福佑，因为内战比同外国进行的战争要更加残酷与反常(unnatural)。[10]詹姆斯一世的继位之所以带来了内部的和平，是由于詹姆斯作为亨利七世的后裔，它首先联合了兰开斯特家族和约克家族，其次，更重要得多的是，它联合了两个古老的王国。[11]詹姆斯认为，这两个王国的联合是合乎自然的。因为“自然教导我们，高山都是由尘埃堆积而成，而起初各个王国都是由许多小城镇或郡组成，它们被一些僭主或篡位者据为己有。随着时间的推移，许多这样的小城镇如今都因为上帝的旨意吞并到一些大的王国(great Monarchies)中了。它们因此变得更加强大能够抵御外敌的入侵，而它们的头领(head)和统治者也有能力保证它们不受外敌侵扰，并惩处内部的违法犯罪。”[12]这两个王国既无大海、大江大河阻隔，它们理应联合在一起。"上帝紧密联合起来的,任何人也不能使之分开。我好比是夫君,那么,这整个不列颠岛就是我合法的妻子;好比我是大脑,那么它就是我的躯体;好比我是牧羊人,那么它就是我的羊群。因此,我想没有任何人会愚蠢地认为,鄙人作为遵守福音书的基督教国王,会是一个一夫多妻的人,会是一个拥有两名妻子的人;或者鄙人作为大脑,应当拥有一副分裂而古怪的躯体;或者作为牧羊人照看这个羊群(除了四面的大海,没有其他篱笆作为其羊圈的界线),应当将它们一分为二。"[13]詹姆斯设想的是一个统一的不列颠王国。1604年下院议长总结出了詹姆斯的意图:"总而言之,他的愿望就是到他去世之际,能够留给后人统一的上帝崇拜仪式(one worship to God),一个完好统治的王国(entirely governed),以及统一的法律(one uniformity in laws)。"[14]

英格兰下议院非但没有积极响应詹姆斯热情的联合提议,相反,议会并没有被詹姆斯议会演说中的修辞所迷惑,直接拒绝给予詹姆斯"大不列颠国王"的称号。[15]在詹姆斯的一再坚持之下,1604年,两国议会同意提名一些委员一同商讨联合事宜。[16]10月,两国委员聚集伦敦,经过几个星期的讨论,向詹姆斯提交了一份报告,提议更加密切的联合。这份报告由詹姆斯的大臣培根和托马斯·汉密尔顿起草,它更多地代表了国王本人的意志,而非大多数委员们的意见。[17]但是,这份英格兰与苏格兰联合的报告只包含三项主要内容:两国间完全的自由贸易、废除相互敌对的法律、归化法案(*post-nati*)即伊丽莎白一世去世后出生的英格兰人或苏格兰人应当享有两国的臣民特权。英格兰议会强烈地反对与苏格兰自由贸易的提议,而苏格兰议会则担心詹姆斯倡导的联合会使苏格兰变成一个行省。而随着"火药阴谋"(Gunpower Plot)的爆发,英苏联合的事情便被搁置一旁。

1607年的议会演说中,詹姆斯一世又重提英苏联合事宜。自

1604 年詹姆斯在议会提议联合以来，英格兰与苏格兰国内对詹姆斯的计划都提出了许多争议。“我认为，我们在联合条约上已经花了很长的时间。就我自己来说，在我初次向你们提议联合时，我以为只要你们能够承认、首肯我的王室权利，对于联合大家都不会有什么疑义，这两个同胞国家会顺利地统一起来。然而，我疏忽了。我只在乎自己的目的，并未考虑到其他人的担忧。如今，我发现了许多的愤怒、争执和质疑，联合之事一无所成。”[18] 1607 年议会演说，詹姆斯希望能够更详尽地阐明有关联合事项，排除人们的疑惑。詹姆斯的出发点是国王本身就是会说话的法律（*Rex est lex loquens*），言下之意即国王所意愿的，议会都应当迅速通过，成为法律。“资议理当周详（*lento pede*），但决定的执行理当迅捷。……在愚蠢的鲁莽和过分拖沓之间，应当寻求其中道。解决那些合理的理由，忽视那些无聊、古怪和不必要的理由；否则无论什么善业都完成不了。”[19] 詹姆斯明确提出，他所渴望的联合不仅仅是王室的联合，更是人民与法律的联合，这种联合就像苏格兰的斯科特人和皮克特的联合一样，也像英格兰的七国联合在一起一样。这种联合缔造的是一个国王（*vnus Rex*）、一个社会（*vnus Grex*）以及一种法律（*vnus Lex*）。[20] 詹姆斯认为，两国之间更加紧密的联合不会损害英格兰与苏格兰各郡、各个市镇的特权与习俗。而且，法律的统一也并不是要取消英格兰的普通法，相反，统一法律所要做的只是改革普通法，去除其中的不合理成份，通过议会立法的形式使法律变得明晰，并能够为全体臣民所知晓与了解。[21] 1604 年以后，苏格兰人坚持他们的“基本法”（fundamental laws）不能被改变，苏格兰作为一个独立君主国（free Monarchy）的地位不能被改变。对此，詹姆斯告诉英格兰人，苏格兰人所谓的基本法并不是指普通法，苏格兰人没有普通法，他们只有王法（Ius Regis）。[22] 并且，詹姆斯继续论证道，苏格兰人的法律有三部分：第一部分是有关土地租佃方面的，这部分苏格兰法律是苏格兰的詹姆斯一世从英格兰移植过去的;第二部分是他们的议会制定古代成文法;第三部分是詹姆斯五世从法国引进的市民法(civil law)。[23]

关于联合的方式,詹姆斯认为联合应当包含三方面的内容:废除敌对法律、商贸互往、臣民归化。第一点并不难实现,英格兰议会起草了一部法案,废除了将苏格兰作为敌对国家对待的法律,但前提是苏格兰议会也应当制定对等的法律,废除将英格兰视为敌国的法律。[24]但第二点遭到英格兰下院强烈反对。英格兰下院的商人认为,苏格兰人太穷,没什么物产,将他们纳入英格兰的商业体系对英格兰并没有什么好处。其次,英格兰人担心贫穷的苏格兰人会蜂拥涌入英格兰,这会彻底地拖垮英格兰的经济。第三,英格兰与苏格兰的税收与关税都不一样,而一般说来,英格兰的要高于苏格兰的,因此,英格兰商人认为,苏格兰商人享受着更少的负担,因此不能再分享英格兰的好处。最后,也是最重要的反对意见是苏格兰人在法国享有的贸易特权。自1558年以来,苏格兰人在法国享受臣民待遇,因此,相比于英格兰人来说,苏格兰人在法国便享有贸易特权。例如,苏格兰人在法国可以担任官职、获取土地,而普通英格兰人就不能如此,在法国的苏格兰商人承受的赋税也低于英格兰人。[25]至于臣民归化这一点,1608年的"加尔文案"(Calvin's Case)[26]使其得以实现。除了这点之外,詹姆斯一世试图完全依靠王室特权而推进英格兰与苏格兰的联合,从而创建一个"不列颠帝国"的努力已经失败。

詹姆斯一世"一个教会、一种法律、一个王国"这种理念不仅符合17世纪欧洲绝对君主制的普遍趋势,同时作为文艺复兴式君主的典型代表,詹姆斯一世的设想还拥有强大理论基础,这便是他所倡导的神圣王权理论。

詹姆斯的神圣王权思想主要体现在詹姆斯的《绝对君主制的真正法律——论绝对国王与其臣民之间的相互义务》(*The true law of Free*

Monarchies: or the Reciprocal and mutual duties between a free King and his natural Subjects）一书中。这本书 1598 年在苏格兰出版。麦尔维尔所确立的苏格兰长老会的教义认为，教会中所有牧师都是平等的，因此教会必须拒绝一切的主教制，并代之以长老会大会控制的教会法院等级体系。在这个体系中，最基层的是堂区教会法院(kirk session)，最顶层的是长老会大会(General Assembly)。16 世纪末詹姆斯统治时期，长老会在持续不断地发展，而另一方面主教制也并未被完全废除。并且，詹姆斯六世在一定程度上控制了长老会，因为年度的长老会大会的召开时间与地点都由国王决定。1596 年，长老会同国王的关系恶化，麦尔维尔鲁莽地对国王说，在基督的国度里，詹姆斯只不过是“上帝愚蠢的封臣”(God's sillie vassal)。同时，在爱丁堡长老会极端派发动了民众暴动。1597 年，詹姆斯抓住机会发展主教制，规定由国王任命主教，并且主教在议会中拥有议席。[27] 针对麦尔维尔基督之国与尘世之国的“双重王国”理论，詹姆斯写作了《绝对君主制的真正法律》以及《王室的礼物》(*Basilikon Doron*)。

在《绝对君主制的真正法律》中，詹姆斯认为，君主制(Monarchy)这种政府形式是神圣的，因为它最为接近完美，将所有完美的事物都融为一体。这是“一切有学识与智慧之人从一开始便承认的”。因此，臣民效忠君主的知识是最为迫切之事，仅次于关于上帝的知识。而由于缺乏这方面的知识，导致了深重的灾难，民众反叛自己的君主，推翻国家。它是无数灾难、不幸与混论的源泉，因此詹姆斯决定打破沉默，向民众阐明“不受约束的绝对君主(free and absolute Monarche)与其臣民之间的相互义务与忠诚”。

《绝对君主制的真正法律》的前言表明，詹姆斯所希望阐述的是君主与臣民之间相互义务与忠诚的确切知识。詹姆斯分别从神法、人法以及自然法这三个方面获取这方面的知识。《圣经》、王国的古老习俗以及自然法分别规定了王权的性质。詹姆斯认为，在《圣经》中“先知国王(prophetical King)大卫将国王称为诸神(Gods)，因为国王们坐在上帝在尘世中的王冠上，执掌上帝交给他们的事务。”这些事务包括：在人民当中做出判决，扬善惩恶；在人民当中平息纠纷，维系和平；最后，最为一位善良的牧师开导民众。[28]第一项的规定可以看做是国王在司法方面的职能，第二项的规定则能够要求国王拥有超出法律规定的特权，第三项则表明，国王是教会的领袖。前两项的规定可以作为解释国王所具有的“司法的普通权力”(an ordinary power of jurisdiction, *jurisdicto*)以及“绝对权力”(an absolute power, *gubernaculum*)[29]的依据。詹姆斯从《圣经》中找到的关于王权的三项规定可以作为他是帝国追求中试图统一法律、统一国家和统一教会的理论依据。

在人法方面，最重要的是君主在加冕仪式上做出的誓约。詹姆斯认为，每一位基督君主的加冕誓约包括，首先要维护国家的宗教信仰，惩罚所有改变或扰乱宗教信仰的人；其次君主要维护先祖的法律；最后，君主要保证全国各个阶层的特权与自由既不受国内人民的侵害，也不受外敌侵入。君主为了保护人民的财富与繁荣不仅要维护与执行国家既有的古老法律，同时在必要时候制定新的法律，同时还有权尽一切可能预见并阻止各种危险的发生。[30]

在自然法方面，詹姆斯认为，国王就像所有臣民的父亲。正如父亲要养育、教育并培养孩子的道德，国王也必须为自己的臣民操持。

詹姆斯从神法、人法以及自然法三个方面论述了国王对臣民应当承担的责任或者说国王的职分，之后，詹姆斯继续从这三方面论述了所有臣民对国王所承担的义务与忠诚。在论证臣民的义务上，詹姆斯引用的是《撒母耳记(上)》8:9－20的经文。[31]这段经文说的是以色列人民要求上帝立一个国王治理他们，上帝“警戒”(protest)以色列人，立国王会带给他们的苦难，以色列人民仍然要求实行王制。不过，在

《绝对君主制的真正法律》的《圣经》引文中,“警戒”(protest)一词用的是更加中性化的词“见证”(testify)。[32]

更重要的是,按照詹姆斯的阐释,在《圣经》确立的君主制下,人民已经到了一个偶像崇拜与腐败的时期。这时期的“人民”已经不再是上帝的选民,他们一再地偶像崇拜,要求立国王,上帝只能按照他们的意愿,让他们在君主制下生活。君主制比起士师时代也许更多苦难,众民中最优秀、高贵者必须为国王辛苦操劳,民众最肥沃的土地、葡萄园、果园以及牲畜都必须供国王享用。[33]“众民以及众民的子孙后代,连同你们的土地,所有的一切都必须为国王所用,没有止境。”[34]在上帝所立的君主看来,这些苦难只是一种惩罚或赎罪。进而詹姆斯认为,正因为国王是“上帝应民众不厌其烦的请求(your importunate suit)而立的”[35],因此,人民不可摆脱上帝给予的国王之枷锁。[36]因而,人民也没有任何反抗国王的权利,只能被动服从国王的统治。

在人法方面,詹姆斯首先批驳了一些“蛊惑人心的作家”(seditious writers)关于王权产生的历史所犯下的错误。詹姆斯这里所谓的“蛊惑人心的作家”指的是乔治·布坎南。[37]在《苏格兰国王的权力》(*de Jure Regni apud Scotos*)以及《苏格兰史》(*Rerum Scoticarum Historia*)中,乔治·布坎南认为苏格兰的国王最初也像异教徒一样是选举产生出来的,异教徒们从自己种选出在品德与勇气方面更加出色的人作为他们头领,保护弱者的权力,驱逐压迫者。詹姆斯认为,布坎南所述的并非苏格兰国王的历史。在詹姆斯看来,苏格兰第一位国王费古斯(Fergus)从爱尔兰而来,他依靠爱尔兰人以及其他人的友谊,凭靠武力成为这片土地以及土地上的人民的主人和国王。[38]因此,法律与国家秩序并非先于国王产生,相反,是“明智的国王首先建立了等级以及政府形式,之后国王自己又创立了法律。并由他的继承人一直继承下来。”[39]所以,国王先于任何阶层,也先于议会和法律产生,国王高于法律。[40]苏格兰国王是一个绝对君主（free Monarchy),而不是选举君主国(elective king)。

在自然法方面,詹姆斯认为,既然国王与人民之间的关系就像父亲与孩子,像头脑与四肢一样,那么,孩子理应"不能反叛父亲,不能随心所欲地控制他,或者在认为合适的时候杀害父亲",而大脑在认为合适的时候也不得不砍掉坏死的躯体,以保证剩余部分的完好。[41]

在分别从神法、人法和自然法三个方面论述了臣民对于国王没有任何反抗权力,只能被动服从之后,詹姆斯论述了针对神圣王权理论的四点质疑。第一种质疑来自古典弑僭理论,认为"在面对邪恶、专制的国王时,好公民出于对自己母邦的自然激情与义务,都不得不奋起反抗,将自己的国家从野兽的统治之下解放出来"。[42]针对这种理论,詹姆斯认为"国王不会为非,只会行善"。詹姆斯认为,国王的错误并不能使人民成为国王的审判者,因为,即便个人都不得因为自己的私仇而报复仇人,那么人民或者其中一部分人又如何有权力审判国王呢?并且,民众反抗国王的行动会导致比国王的暴政更加可怕的结果。因此,生活在一个有缺陷的国家里,也远比试图改革或者推翻国家要好。[43]

第二种质疑认为,当一个王国被邪恶的国王统治时,上帝便是在诅咒这个国家,因此,人民最大的义务就是要将这个国家从诅咒中解救出来。詹姆斯认为这种理论是错误的,因为例如罗马皇帝尼禄是一个邪恶的君主,但是耶利米和保罗不仅服从他们,而且衷心祝福他们的福利。由此证明,在面对邪恶国王统治时,对上帝耐心而热忱的祈祷便是唯一能够破除上帝诅咒的方式。[44]

第三种质疑认为,由于上帝的福佑,反抗国王的一些行动取得了成功,因此证明上帝是支持反叛者的正义主张的。詹姆斯认为,所有的成功都取决于上帝的福佑这点是无疑的,但并不能因此证明上帝支持他们的行动。比如，上帝曾经让诸如非利斯丁人（Philistims）以及其他许多民族在与“上帝的选民”的斗争中取胜，但并不能由此就认为，上帝在支持他们。[45]

对神圣王权理论的第四种质疑认为，国王的加冕宣誓就表明，国王与人民之间订立了相互的契约，以约束国王与人民。当国王违反契约时，人民就可以不再遵守契约。对此，詹姆斯并不否认加冕契约本身，只是认为，在国王与人民的契约中，国王与人民都不能成为这份契约是否已经被破坏的裁判者。“在国王与人民的契约中，无疑只有上帝才是唯一的裁判者。”[46]因此，在上帝裁决国王破坏了契约之前，人民没有任何权力反抗国王的统治。

这些就是苏格兰国王詹姆斯六世在《绝对君主制的纯正法律》一书中提出的神权政治理论，这种理论可以总结为以下四点：

1. 君主制是神圣的体制。

2. 国王只对上帝负责。纯粹君主制下，主权只在国王一人身上，他的权力不受法律的任何限制。所有的法律都仅仅是国王意志的体现，所有宪法体制以及各种议会的存在都取决于国王的意志。国王不能限制、分割或转让主权权力，以免伤害到其继承者享有完整的主权权力。混合君主制或者说立宪君主制本身就是相互矛盾的。

3. 臣民没有反抗的权力，只能被动服从。这点是上帝律法所规定的。无论在何种情况下，反抗君主都是一项罪行，必受惩罚。即便国王颁布了又被上帝律法的命令，臣民也必须服从，因为臣民服从的不是国王这个人，而是上帝。最早的基督徒是值得效仿的榜样，臣民必须耐心地忍受对违法的惩罚。

4. 王位继承权不可废除。王位继承权由长子继承制加以规定，国王的王位继承权源自其出生，任何法律都不能剥夺其继承权。[47]

在16世纪90年代的背景下，詹姆斯六世提出的这些理论更多地针对乔治·布坎南在《苏格兰史》以及《苏格兰国王的权力》等著作中阐发的古典共和主义理论,同时也对抗长老会麦尔维尔等人提出的"两个王国"理论。然而,当1603年詹姆斯南下之后,他的这些理论也被带到了英格兰。1603年,《绝对君主制的纯正法律》在伦敦至少重印了4次。[48]1606年博丹的著作《共和六书》被译为英文在英格兰出版,他的观点迅速地流传开来。在该书中,博丹认为,主权不仅是绝对的,还是不可分割的。他认为,英格兰人所主张的君主、贵族和民主的混合政制是相互矛盾的,不可想象的。"完整的主权不可分割地属于英格兰国王,议会中的各个等级只是见证者……国王的主权绝不会因为议会中各个等级的出现而被改变。"[49]17世纪初,随着主权思想在英格兰的传播,在英格兰和在欧洲大陆一样,绝对王权的理念日趋兴盛起来。[50]

詹姆斯的神圣王权理论并非只是苏格兰的理论,是对一种普遍思潮的集中表述。并且,在英格兰议会的多次演说中,他将这些理论带入了英格兰政治中。在1604年召开的第一届议会中,詹姆斯提出了英格兰与苏格兰的联合,并且将两国的联合放在神圣王权的背景之下讨论。詹姆斯认为,国王的王位是属于上帝的,因此国王也只对上帝负责。[51]国王是头脑,而人民大众是躯体,应当由头脑照管躯体,而不是相反。[52]1605年的议会演说中,詹姆斯又再次提及头脑与四肢的隐喻,认为议会只是国王的大资议会(great Council),国王是头脑,由上议院和下议院组成的议会是四肢。[53]在这篇议会演说中,詹姆斯似乎认为议会只由上议院和下议院组成,国王并不是议会的组成部分,而是作为国家的首脑,高于议会。这点显然同议会派议会主权(King in Parliament)的观点是截然不同的。而在1610年的议会演说中,詹姆斯更加明确地阐述了自己的王权观念。"王权是尘世中最至高无上的事物,因为国王不仅是上帝在尘世的代表,坐在上帝的王座上,而且甚至上帝本人也将国王们称作诸神。"[54]詹姆斯对此的论证依然只是从神学、家庭-父权、头脑-四肢三个方面重复此前曾经在《绝对君主制的纯正法律》一书中阐述过的理论。在这次议会演说中，詹姆斯为了获得议会长期的财政支持，[55]希望向议会解释自己并不支持科威尔《解释》(John Cowell, *The Interpreter*)一书中所提出的绝对主义王权思想。因此，在这次演说中，詹姆斯向议会的观点做出了妥协。为了表明对议会以及英格兰普通法的尊重，他认为应当将王权区分为原初意义上的王权(Kings in their first orginal)以及具体的王权。前者指的是一种绝对的权力，例如上帝拥有创造神迹的能力，但是上帝的治理并不依靠神迹，而是通过教会进行。国王的权力亦是如此，国王拥有绝对的权力，国王就是"会说话的法律"(*Lex loquen*)；但是，具体地作为英格兰国王，詹姆斯还是会尊重议会以及普通法。然而，他所阐发的王权理念在实质上和《绝对君主制的纯正法律》以及科威尔的绝对王权思想并没有很大差别。[56]

国王神圣权力的观念同样也体现在司法判决中。在贝特一案(Bate's Case)中，财务法庭首席法官弗莱明(Chief Baron Fleming)关于国王"绝对权力"和"普通权力"之间的区别是在司法层面上阐述了詹姆斯关于"原初王权"和"具体王权"的区分。弗莱明认为："国王负责统治王国与人民，并且，布拉克顿说过，为了使国王完成他的统治职分，上帝授予他权力，使他有权力进行统治。国王的权力是双重的，有普通的权力与绝对的权力，它们各自遵循许多法律与目标。普通权力的目的是为了特定臣民的利益，为了实现民事正义，决定财产归属(*meum*)。这些都在普通的法院按照衡平与正义的规则执行。在罗马法里，由民法学者按照私法(*jus privatum*)裁决；而在我们这，则按照普通法裁决。这些法律除非由议会不得被改变。并且，尽管它们的形式与程序可以被改变、中断，然而，它们的实质内容不得改变。国王的绝对权力不得为了私人或任何特定个人的利益而运用,只有在为了实现人民的普遍利益即公益(*salus populi*)的情况下才能加以运用。由于人民是四肢,而国王是头脑,因此这项权力只受到那些源自普通法的规则的限制。因此,可以确切地称之为政策或政府。由于人民这一躯体在不断的变化中,因此绝对权力也必须依据国王的智慧为了公共利益而不断地改变。”[57]奥克雷已经有力地证明了,国王的普通权力与绝对权力并非像麦基文所言的那样是两种平行的权力,[58]而是两种层次有别的权力,国王的绝对权力高于普通权力,在必要的时候可以以“国家理由”为由,绝对权力会侵犯普通权力。[59]在英格兰这两种权力区分最早出现在1469年的年鉴中,指的是衡平法院的司法权和普通法法院的司法权。都铎王朝的律师们将这对概念简单地移用过来,并赋予其新的含义,用它来表达国王的法律地位,国王此时已经是国家的首领与代表,但还未拥有不可控制的权力。到斯图亚特王朝,在弗莱明的判决中,这对概念已经被用来指代国王的绝对权力与一般权力。这对概念成为王权理论的核心,议会与法院不能质疑国王的绝对权力(例如开战权),只能质疑国王的普通权力。[60]

在实践中,神圣王权的绝对权力尤其鲜明地体现在国王的特免权(dispensing power)上。特免权是国王特权的一种,国王在一定的情况下,出于公共利益的考虑可以中止议会制定的法律的效力。在都铎王朝以及斯图亚特王朝治下,国王经常在贸易以及工商业领域行使特免权,给予某些人法外之权。特免权也同样被运用在土地转让以及教会事务上。[61]更重要的是,只有国王才能判断何时应当行使特免权,国王是公共利益以及紧急情况的唯一判断者。“因此,在都铎王朝以及斯图亚特王朝早期,特免权是表明法律灵活性的有效工具。……国王能够中止所有议会立法的效力,这无疑表明,国王是高于实证法律,处于实证法律之外的。……王室对于这项权威的审慎运用在那个时代的人看来是必要与合法的。对他们来说,国王的这项权力是王权等级理论的根本特点。在王权等级理论的中央是一种潜在的政治观念,认为国王是王国的主权统治者,国王作为王国的守护者应当在法律之外和法律之上拥有必要的权威,在国王认为适当行使的时候运用之,以促进王国的利益。”[62]国王特免权的存在说明国王的绝对权力高于普通权力,至少在特定的情况下,可以不受王国普通法律的约束,并且国王本人就是这些特别情况的唯一裁判者。

虽然17世纪初的英格兰人对主权观念并没有清晰的观念,但詹姆斯一世的神圣王权理论无疑要求在英格兰确立国王的主权者地位,确立国王的绝对权力。詹姆斯的神圣王权理论为日后所有保王派作家的理论奠定了基础。詹姆斯统一英格兰与苏格兰的的计划也就是在这个大背景之下提出的。詹姆斯希望通过英格兰与苏格兰在教会、法律乃至制度上的统一与融合能够缔造一个以国王为主权者的强大的不列颠国家或不列颠帝国。中世纪晚期,自“大裂教”以来,教皇的实际权力不断衰弱,西欧各国在这个权力真空中兴起了一个个绝对君主作为新兴的民族国家的代表。这一进程在欧洲大陆更加明显。詹姆斯希望将欧洲大陆上的这一趋势延续到不列颠岛上。[63]

对17世纪初的英格兰人而言,神圣王权理论与实践破坏了宪制的平衡。王室主导下的联合“使英格兰人担心对他们宪制的改变:王室特权的扩大。……而王室特权的扩大又导致人们对联合产生另一项宪制上的担忧,即担忧联合有可能创建一个新的王国,因此就会摧毁英格兰的宪制。”[64]詹姆斯的联合导致英格兰人对自身宪政制度的担忧不无道理。在都铎王朝及斯图亚特王朝早期,英格兰人关于自身宪制传统的论述体现在约翰·福蒂斯丘以及托马斯·史密斯的理论中。[65]福蒂斯丘和史密斯对英格兰宪制的描述是连续的,并没有实质性的差别。[66]福蒂斯丘认为,有两种类型的王国,其一是单凭国王统治的，另一种是国王且政治地统治的王国。第一种王国的国王可以凭借他自己制定的法律统治人民，国王可以随意地改变法律，可以不经过人民的同意就向他们征收赋税，民法体系是同这种政制相适应的。第二种王国只能凭借人民同意的法律进行统治，国王不能随意改变王国的法律，随意向人民征税，英格兰就属于国王且政治的王国，国王必须取得议会的同意之后才能征税，国王不能改变王国的普通法。[67]在福蒂斯丘看来，英格兰的政制有别于法国的绝对王权，他不能更改王国的法律，尤其是普通法，并且尤其在处置人民的财产方面必须征询议会的意见。议会是英格兰政制不可分割的一部分。托马斯·史密斯同样将议会作为其共和国(De Republica)的重要组成部分。更进一步的是，在托马斯·史密斯这里，议会已经成为共和国的主权者，因为国王也只是议会的一部分，而不是高于议会。"英格兰王国至高、绝对的权力在议会中。"[68]议会包括了全国的各个等级，不仅包括国王，还有贵族、士绅、教士。因此，议会的行动就是代表了国王以及整个王国的行动。[69]从福蒂斯丘和史密斯的理论可以看出，绝对主义君主制都不是英格兰的传统政制，国王与议会至少是共存于英格兰的政制中，国王不能取得绝对的主权者的地位。都铎史学家埃尔顿(G.R. Elton)也认为都铎王朝的宪制是一种微妙的均衡政制，斯图亚特王朝早期的两位君主打破了英国宪制的均衡局面，导致了宪制的危机与革命的爆发。"都铎王朝的体制建立在一个统一的政治体的基础之上。国王一人身兼两职，分别作为世俗的国王与教会的最高首领，同时统治者人们的身体，并保护着他们的灵魂。在这点上，它类似于神圣王权。但是，国王必须尊重政治体的化身——议会。……在都铎王朝，王在议会(King in Parliament)才是真正的主权者。不幸的是，同时它又是混合的主权者，很难再理论上加以明晰，在实践中也很难操作。……斯图亚特王朝的神圣王权，无论其基础多么古老，都是革命性的，因为它破坏了既有的混合政制。”[70] 由此可以看出，詹姆斯倡导的绝对主义君主制以及他关于英国普通法的论述与英格兰传统的政制观念与现实都是背道而驰的。

詹姆斯将自己视为上帝与世俗社会之间的神圣统治者，“他将王朝的合并统一作为构造完美的帝国式君权(imperial monarchy)的第一步。”[71] 这个联合开启了不列颠领导下的新教欧洲对抗敌基督的教皇以及其他各种形式的反宗教改革运动。对于詹姆斯的神圣君主制，他一方面可以援用英格兰传统的帝国称号对抗教皇的控制，另一方面，他也可以以之有力地制止苏格兰长老会的自治主张。在詹姆斯的帝国主张中，苏格兰、英格兰和爱尔兰实行共同的主教制是很重要的一环。

关于詹姆斯的神圣王权理论，还需要注意的是它所处的新教背景。苏格兰长老会的选民观念为詹姆斯的神圣王权注入了持续不衰的活力。“要是苏格兰的天主教女王玛丽成功地推翻了伊丽莎白一世并取而代之，那么英格兰对荷兰人以及法国胡格诺教徒的支持就无法兑现，那么，也许无敌舰队就不必覆灭在英吉利海峡。如果这样的话，也许我们今天谈论的就不是英格兰的自由，而是西班牙国王腓力大帝的伟大胜利了。”[72] 但是，玛丽失败了，失败导致的后果就是英格兰与苏格兰王室的联合。因此，当詹姆斯六世亲自执政时，他所面临的境遇是他的先辈们中最好的：因为英格兰王国的王冠有一天有可能要落到他的头上，而这也成为他的一大目标。与此同时，他面对的是一个有着神圣使命感的教会，这个教会与上帝订立了约法。在所有新教教会中，它宣称是最纯正的。在上帝的恩典下，它已经克服了各种困难。如果能继续保持信仰的纯正，那么在上帝的福佑下，苏格兰教会就能为基督教世界带来福音，苏格兰民族是上帝拣选的民族。因此，他们的国王也必须是神圣的(godly)，必须要听从并遵守上帝代言人——

长老们的指令。詹姆斯也认为自己是一个神圣的君主,也认为自己肩负着统一基督教的使命,但不用遵从长老的命令。因此,他创造了一套绝对君主国的理论,在这一理论中,他自己作为上帝的代理人统治王国,只对上帝负责,而不用对那些自称是上帝代言人的长老们负责。除此之外,在苏格兰,他也拥有足够的人力与财力来实现自己的理念,创造一个强大的官僚体系。并且在苏格兰,没有议会与普通法这些机构与制度对王权进行制约。到1603年,一个有力的中央集权政府在苏格兰已经初步成型。[73]中央集权的脚步在苏格兰远比在英格兰进行得快。而王室的联合使得詹姆斯将自己的视野越出了苏格兰。他希望运用英格兰更加丰富的资源去完成自己的绝对君主制的构想。与此同时,詹姆斯发现英格兰的政体和苏格兰比较起来显得极其落后,仍然停留在中世纪。对君主十分有利的罗马法在英格兰毫无用武之地。普通法虽然是英格兰的"根本法",但无疑它自身有许多不便之处。例如普通民众都无法了解普通法所使用的古老而落后的语言,因此法律的秘密就仅为一小部分人掌握。普通法只体现在各个判例中,并没有法典化,并且不同的判例极有可能导致相互冲突。[74]而英格兰的议会完全是封建时代遗留的产物。詹姆斯联合英格兰与苏格兰的构想包含了试图改革英格兰普通法以及议会的计划,但是他的中央集权计划在面对落后的英格兰的制度时就全部都失败了。王室主导下的不列颠帝国构想遭到了以议会为代表的哥特议会自由传统的有力抵制,并在经历过一段混乱时期之后,最终将神圣王权理论支配下的君主主权改造成了议会主权,并为英格兰与苏格兰的联合提供了新的基础。1707年英格兰与苏格兰的联合既是哥特传统下的议会主权理论取得的胜利,同时也是有效地巩固大不列颠议会主权的举措之一。

然而,无论如何,詹姆斯在苏格兰的统治仍然是能够成功与凑效的,也最能体现绝对君主制下中央集权式统治的特色。南下后,詹姆斯对苏格兰的统治是通过在苏格兰的枢密院进行的。枢密院很快就成了北方王国的执行与立法机构。詹姆斯通过枢密院对苏格兰统治获得的成功,可以从他的议会演说中窥见一斑。1607 年,詹姆斯对英格兰议会说:"我还可以毫不夸张地说,我坐在这儿,用我的笔就能统治苏格兰;通过枢密院的官员,我写下什么,什么就能够得到完成;而其他人则不得不用剑才能完成。"[75]苏格兰议会在传统上都并不能有效地限制,制约国王,因此,詹姆斯成为英格兰国王后,他对苏格兰的统治便成为了个人绝对主义统治的典型。苏格兰议会本身是一院制,并且由于立法委员会(Lords of the Articles)的存在,议会很容易地就被国王操控。[76]而从新教长老会中发展出来的另一个试图制约国王的机构长老会大会也已经被国王控制,它的召开时间、地点都取决于国王的决定。苏格兰枢密院就成为詹姆斯统治苏格兰的唯一工具。詹姆斯在伦敦就可以向枢密院发布命令,并且能够得到很好的执行。

詹姆斯在苏格兰的个人绝对主义统治能够成功地建立起来,还有另一方面的原因,这就是詹姆斯的个人绝对统治拥有坚实的财政基础。通过 1587 年的《兼并法》(Act of Annexation),大量的教会地产都被并入到王室的名下。[77]这些丰富的地产成为詹姆斯在苏格兰的绝对统治得以建立的财政基础。詹姆斯慷慨地把这些地产授予苏格兰的贵族以及主教,收买他们对王室政策的支持。通过授予土地获得主教的支持后,国王进而能够控制议会。这是由于立法委员会的选举是贵族与主教的交互式选举,即由贵族选出 8 名主教,再由这 8 名主教选出 8 为贵族,此后,8 位主教与 8 为贵族再选出各市政与郡的代表,由他们共同组成立法委员会,行使立法等大部分议会职能。[78]因此,主教是这整个体系的源泉,国王一旦控制了主教,那么他就能事实上控制议会。这也就是詹姆斯所谓的"没有主教,就没有国王,没有贵族"(No Bishop, no king, no nobility)的真实含义。而这个体系的财政基础都是王室掌握的大量教会地产。只要这些教会地产未被用尽，苏格兰的绝对政府就能够维系。问题是，当财政枯竭后又找不到替代资源时，詹姆斯在苏格兰建立的个人统治就注定会坍塌。而这就是查理一世即将面临的命运。

在教会治理方面，詹姆斯更加关心教会与国家之间的关系，而并不是纯粹的教会教义与仪式。他采取的是谨慎的教会政策。他并没有试图彻底取缔长老会以及长老会大会。相反，詹姆斯在取得同长老会一定程度的和解之后，首先控制长老会的召开时间与地点，其次通过在长老会中设置国王的代理人即评议主席(Moderator)，巧妙地建立起了一种"准主教制度"。每个长老会辖区(presbytery)都必须要有一名永久的评议主席。评议主席必然使长老会大会的成员。[79]詹姆斯任命的这些评议主席负责处理国王的宗教事务。而1610年的法案在每个大主教辖区都建立起了教务高等法院(Court of High Commission)。这样，在不破坏既有长老会体制的前提下，一种妥协性的准主教制度就已经建成，并且能够获得长老会以及国王双方的勉强认可。詹姆斯在不摧毁长老会体制的基础上，就已经事实上在长老会体系的内部完成了建立主教制的工作。

第二节　清教革命与"庄严联盟与约法"下的联合

詹姆斯在苏格兰建立与维持主教制需要充分的政治经验与智慧，这些查理一世都缺乏。查理一世一开始就试图超越詹姆斯在苏格兰建立的主教-长老会并存的宗教政策，实施全面的主教制，将英格兰国教的教义、教规和仪式都强加给苏格兰。为了筹措支付给主教、教士的津贴，查理一世登基伊始就通过苏格兰枢密院颁布《召回法令》(Act of Revocation)，宣布要召回自1642年詹姆斯五世去世后封授给贵族的土地。苏格兰的君主通常会在其成年之时宣布召回在其未成年时颁授出去的土地，但是很少像查理一世这样召回80多年前颁授的土地。查理一世召回贵族土地这种极端做法只有1629年神圣罗马帝国皇帝费迪南二世颁布的《返还法令》(Edict of Restitution)可以相提并论，这道法令要求返还1552年之后颁授的土地。结果就使得德意志地区的"三十年战争"变得更加惨烈。[80]同样，查理一世极端的土地政策使得王室几乎失去了所有苏格兰贵族的支持。并且，不久之后，查理一世的绝对统治首先在苏格兰遭遇革命的挑战。

在召回贵族土地的同时，为了加强对枢密院的掌控，查理一世还撤销了司法联合会(College of Justice)的法官在枢密院中的当然位置，而将另外五名主教任命为枢密院成员。并任命枢机主教为苏格兰的大法官。[81]查理一世试图通过主教加强国王对苏格兰的绝对统治。然而，这些旨在加强王室绝对权力的措施都遭到苏格兰贵族的强烈抵制。詹姆斯长老会-主教并存的体制还能够存续下去，很大程度上是因为詹姆斯得到了苏格兰贵族们的支持。苏格兰的贵族一直对拥有大量地产的长老会教士心存嫉恨，詹姆斯通过间接地引入英格兰主教体系以整肃苏格兰教会体系，制约长老会的做法自然能够得到大部分贵族的支持。[82]然而，查理一世继位后削弱贵族的做法已经将支持主教制在苏格兰存续下去的这一力量清除掉。查理一世试图单凭王室的力量在苏格兰扶持主教制势必将面临灾难性的后果。然而，正是在失去贵族支持的大背景下，查理一世开始了他对苏格兰教会的改革工作，推行全面的主教制。

查理一世不满足于詹姆斯在苏格兰建立起的长老会-主教并存的体制，希望苏格兰也像英格兰一样实施严格的主教制度。因此，1633年当第一次作为国王访问苏格兰，并在爱丁堡接受加冕仪式时，他就着手改革苏格兰教会体制。这些措施包括在爱丁堡建立主教教区,并选立新的主教;规定所有的牧师都必须着白法衣,并规定了圣餐跪拜礼;整肃教务高等法院,严格执行查理一世的宗教政策;不经议会和长老会大会同意,颁布教会教规(Book of Canons);颁布被认为带有天主教色彩的祈祷书(Service Book)。[83]查理一世的这些措施破坏了苏格兰既有的教会体制,因此1637年首先在爱丁堡引发了民众的暴乱,并进而演变成全国性的革命。查理一世一面镇压民众,一面将枢密院和最高民事法院搬离爱丁堡。苏格兰人从四面聚集到爱丁堡,他们占领了议会,并认为自己事实上已经成为议会(The Tables),并且由他们重新组织了政府。在某种程度上,这已经成为苏格兰议会主权的先兆。苏格兰针对王权的行动已经由宗教反抗逐步发展成为宪政革命。

与英格兰人的宪政革命是在议会层面展开不同,苏格兰的宪政革命通过"约法"传统完成。1638年反抗王权的苏格兰人签署了"民族约法"(National Covenant)。约法的主要内容包括了保护苏格兰长老会教会的纯洁性,反对天主教以及带有天主教色彩的主教制;国王未取得长老会大会和议会同意的不得在宗教信仰领域进行革新。约法的内容表面上虽然仅限于宗教领域,但实质上,约法要求国王必须遵守苏格兰王国的根本法,以保证人民的"土地、财产、权利与荣誉的安全,保证王国纯正的宗教、法律与自由"。[84]因此,就约束国王权力而言,苏格兰的"民族约法"事实上已经带有成文宪法的性质。查理一世的绝对主义统治首先在苏格兰遭遇到了宪政革命的挑战。

面对革命的挑战,查理一世做出了让步与妥协,宣布撤回先前颁布的教会教规、仪式以及祈祷书,并废除教务高等法院,承诺召开长老会大会与议会。在长老会大会上,汉密尔顿侯爵(Marquis of Hamilton)代表国王,认为无论在民事领域还是宗教领域,国王都是最高首领,只有国王才能废除主教,审判主教。长老会激进派领袖阿盖尔伯爵(Earl of Argyll)的领导下对国王丝毫不妥协,废除了主教制,并审判主教。至此，詹姆斯和查理一世试图在苏格兰引进主教制的所有努力以失败告终。斯图亚特王室倡导的不列颠帝国构想在统一教会方面已经彻底失败，更重要的是，这次失败带来的是王权本身的危机。在评价1638年格拉斯哥长老会大会的政治意义时，嘉德纳写道："从政治上说，长老会大会采取的这些措施具有至关重要的意义。在反对神圣王权理论将国王作为国家至高首领的斗争中，苏格兰人事实上已经扛起了共和主义的大旗。虽然他们仍然自称是国王的臣民，但是，他们在决定当时最重大的问题是已经不再征求国王的意见，也不再允许国王否决或是修正他们的决定。他们解放了自己的双手，并牢牢地掌握住了曾经被查理一世愚蠢地滥用过的最高主权。"[85]确实，苏格兰的革命由主教制而起，但随着事态的发展，已经逐渐演变成针对王权的宪政革命。

激进派的胜利使得苏格兰国王与长老会之间的内战不可避免了。苏格兰长老会和议会方面拥有作战经验丰富的老兵，他们都是刚刚从德意志"三十年战争"的战场上回来的。而国王方面既缺乏装备又缺乏给养，更重要的是为国王作战的都是英格兰人，他们本身同情苏格兰人的遭遇，对王权持与苏格兰人大致相同的看法，因此都无心恋战。[86]国王只能同意休战，并同意召开长老会大会以及议会。1640年的苏格兰议会批准了1638年的"民族约法"，确认了最近两届长老会大会的成果，并通过一系列的法案将议会从王室的控制中解放出来，使其成为政府的真正动力源泉。议会同时还主教从议会第一等级中驱逐出去，并改组了立法委员会。立法委员会并没有被废除，只是改革了立法委员会委员产生办法，国王不再能控制立法委员会，其成员由议会各个等级自由选举产生。与此同时，立法委员会的权力也被削弱，它不再独揽立法大权。议会还通过了《三年法案》，规定每三年议会召开一次，议会有权批准或否决枢密院成员以及法官的提名。[87]

因此,在英格兰长期议会召开之前,苏格兰的议会完成了苏格兰的宪政革命,它终结了王室特权,建立了议会的主权以及责任政府。

查理一世希望获得英格兰议会的资助,帮助其平息苏格兰的内战以及革命。因此,在斯特拉福德伯爵(Earl of Strafford)的建议下,查理一世在英格兰召开议会。在停摆11年之后,英格兰议会又重新召开。国王试图通过召集英格兰议会获得议会的资助以解决其北方王国的反叛。然而,在约翰·皮姆(John Pym)的领导下议会下院并没有轻易答应查理的要求。相反,在1640年4月17日的议会演说中,皮姆例数了查理一世11年无议会的专断统治对王国以及议会的伤害。"首先是在议会中断的11年期间议会的自由与特权遭到的伤害;其次是宗教事务上的创新;第三是人民的财产权利遭到的损害。"[88]在国王对议会与人民造成的这些伤害得到弥补之前,议会都不会同意给予国王资助。查理一世不愿意向议会的原则屈服,这届议会在召开了23天之后,查理一世就将它解散了。"短期议会"(Short Parliament)被解散之后,查理一世和斯特拉福德北上平定苏格兰人的叛乱。结果失利,导致的后果是苏格兰长老会的军队南下一路长驱直入,占领了英格兰北部纽卡斯尔等重要城市。纽卡斯尔控制着伦敦城的煤炭供应,查理一世无奈之下只得再次召开英格兰议会,以求应对之策。此即著名的"长期议会"。国王希望苏格兰的入侵能够激起英格兰人的愤怒,使他们答应给予国王资助。然而,查理一世过高估计了英格兰人的爱国主义,相反,他们珍视与热爱自己的自由甚于国家。"下议院将北方苏格兰人的军队视作英格兰人自由的最有利保障。"[89]苏格兰人也派出代表到伦敦同议会以及伦敦城的长老会保持接触。就这样,查理一世统一教会的努力以及他所谋求的个人绝对统治先后遭到了苏格兰和英格兰人的反对,并促使苏格兰的长老会与英格兰的议会在反对神圣王权及其主教这一点上结成了坚强的同盟。

都铎王朝的宪政体系井然有序，国王和明智的政治家作为国家的首领，而忠诚的议会则提供有效的建议。这种均衡到斯图亚特王朝时都已经不复存在了。如前所述，王室主张的神圣王权理论与实践已经首先破坏了宪制的均衡。查理一世11年无议会的统治已经将国王个人绝对主义的统治推向了极致。人们必须在神圣王权和议会主权之间进行抉择。“长期议会”的召开象征了英格兰宪政革命的开始。当两个国家对神圣王权感到厌恶与反感时，两个国家就会联合一致反对国王。要是查理一世和劳德大主教在苏格兰的统治也像斯特拉福德在爱尔兰进行的“彻底”(thorough)的统治那样取得了成功，那么在英格兰建立自由政府的希望也就极其渺茫了。然而，苏格兰与英格兰先后发生的宪政革命摧毁了王权绝对统治的希望，开启了走向自由与宪政的道路。

相较于苏格兰1640年的宪政革命，英格兰的宪政观念拥有更加悠久与深厚的传统。17世纪英格兰的议会派理论家们最早可以将他们所追求的宪政理想追溯至约翰·福蒂斯丘以及托马斯·史密斯的理论。因此，在面对当时欧洲风靡一时的绝对主义理论与实践时，英格兰的宪政理论与传统为提供了另一条可供选择的道路。“英格兰是一个政制权威由若干独立的机构分享的多元主义政体的观点是在这个时期出现的政治理论的一种主要的替代性思路。”[90]这种权力多元主义的格局打破了绝对君主对统治权力的垄断，在这场斗争中最早向王权发难的是爱德华·柯克所代表的普通法传统。

普通法传统认为，法律是制约国王专断权力的有利手段，“法律就是用于审理臣民的案件的金铸的标杆和标准；它保障陛下处于安全与和平之中：正是靠它，国王获得了完善的保护”。[91]柯克引用布拉克顿的观点证明英格兰国王必须受法律制约：“布拉克顿曾这样说过：*quod Rex non debet esse sub homine, sed sub Deo et lege*(国王应当不受制于任何人,但应受制于上帝和法律)。”[92]在柯克这里,法律即是指英格兰普通法。并且,普通法不仅是制约国王专断权力的手段,同时也是约束议会权力的工具。在邦汉姆一案(Bonham's Case)中,柯克认为“许多案例表明,普通法也约束着议会的法案,并且在很多时候会宣布议会法案完全无效。因为,当一部议会的法案违反了公共正义与理性时,或者引起矛盾时,或者无法实施时,普通法就会改变它或者宣布这类的法案无效。”[93]在论述柯克的意图时,普拉克内特(T.F.T. Plucknet)指出,柯克预感到国王与议会的冲突迫在眉睫,他感到必须遏制双方日益增长的自大,于是便回到本国的法律史中,寻找这种手段……从(年鉴)琐碎的技术性细节中……提炼出一种政治理论……柯克所找到的解决方案,就是不加区别地同时约束国王和议会这一根本性的法律观念。[94]柯克试图在17世纪初建立起法律的主权地位。

在柯克看来,普通法之所以应当占据这种主权地位在于,普通法本身便是最完美理性的化身。“普通法无非就是理性而已,它可以被理解为通过长期的研究、深思和经验而实现的理性之技艺性的完美成就,而不是普通人的天生的理性,因为没有人一生下来就技艺娴熟。这种法律理性乃是最高的理性。因而,既是分散在如此众多头脑中的全部理性被集中于一人头脑中,也不可能早出像英国法这样的一套法律。因为通过很多代人的实践,英国法才由无数伟大的、博学的人予以完善和细化,借助于漫长的历史,才成长得对于治理王国而言是如此完美……没有人(仅靠他自己)会比普通法更有智慧,因为法律乃是理性之圆满状态。”[95]柯克认为,正是理性使得英国法趋于完美,因而在治理王国时不论国王还是议会都应当遵循法律而治。然而,在柯克这里,理性并非抽象的理论理性,并非罗马法学家们著作中的理论理性,而是英格兰普通法法官们的经验理性。

因而,法律的正义与理性能够被发现与实现取决于英格兰普通法法官们这个特殊阶层的经验理性。在反驳詹姆斯一世和法官一样，也具有理性能够审判案件这个观点时，柯克认为："虽然上帝赋予了陛下卓越的技巧和高超的天赋；但陛下对于英格兰王国的法律并没有研究，而陛下之臣民的生命或遗产、或货物或财富的案件，不应当由自然的理性，而应当依据技艺性理性和法律的判断来决定，而法律是一门需要长时间地学习和历练的技艺，只有在此之后，一个人才能对它有所把握。……"[96]因此，至少在理论上，柯克就确立起了英格兰普通法法官这个阶层的崇高地位。

柯克将法律与普通法法官的实践理性相提并论，确立了法官的崇高地位，这似乎消解了法律乃是主权者或国王意志所带来的紧张。然而，事实上，法律主权的观点消解或无视了政治、法律生活中的非理性、激情以及欲望的一面，它至多只是对政治、法律生活的理想描述。这种理想描述正是人们理解柯克历史观的根本出发点。关于英格兰普通法，柯克最重要的看法在于阐发如下观点，即英格兰的普通法拥有悠久的历史，它是人们从已不能记忆的（immemorial）遥远古代继承下来的。英格兰法律的源头是传说中的布鲁图斯，他自"特洛伊战争"之后离开特洛伊来到不列颠。基于这点，柯克不像王权派作家那样认为诺曼征服才是英国法的源头，更不认为英国法从诺曼带来的封建习惯中获得补充。在柯克看来，征服者威廉和此后的英格兰国王一样只是提出了对王位的继承性权利，英国法并没有被诺曼君主摒弃。柯克认为，英格兰确实被征服过，但是英格兰王国的这些征服者和统治者，无论是罗马人、撒克逊人、丹麦人还是诺曼人，无不发现英格兰法律史如此天生丽质，而不愿更动它们。英格兰普通法是久远的过去流传而来的，而英格兰的"古老宪制"是包含在英格兰的普通法之中的，因而它是完美的。君主的权力必须受"古老宪制"的约束，人民的个人自由与财产安全也受到它的保护。然而，柯克通过"历史"方法发现的英国普通法的历史事实上只是他对政治、法律生活理想状态的描述。

爱德华·柯克所主张的法律主权理论即便在实践中能够得到充分贯彻,也容易使得政治生活失去其内在的紧张与张力;更重要的是它容易在实践上遭到制约。法律主权理论的阿基里斯之踵在于,法律必须由法官进行解释,而在17世纪国王能够轻易地任命与裁撤法官。查理一世就根据自身的意志与喜好而不是根据法官的良好素质来任命与裁撤法官。司法与法官都并没有独立地位。因此,在斯图亚特王朝,除了柯克之外,事实上大部分法官都避免卷入宪政争论。“他们拒绝成为国王与国家之间的裁判者,他们安于培根给他们界定的地位,即王冠之下的雄狮(Lions under throne)。他们的任务就是要保卫王冠免受攻击。”[97]由此导致的结果就是,在查理一世统治时期,法官们卑躬屈膝地认可了国王各种过时的税收与费用,法官不断地认可国王各种荒谬的统治手法。柯克所倡导的法律主权地位在17世纪初并没有在实践中被确立起来。

不过,柯克的通过普通法确立了“古老宪制”的历史观念。正是这种无从忆起的悠久历史观念将普通法传统与议会的悠久历史联系在一起。因此,柯克的普通法传统与议会派理论家融合在一起,并为议会派理论家们的理论提供了动力。无从忆起的普通法变成了无从忆起的议会。与神圣王权斗争的任务落到了议会派们的手中。

在詹姆斯一世统治时期,虽然詹姆斯一方面在理论上极度宣扬君主的绝对权力与神圣地位,但国王在财政上对议会的依赖使得詹姆斯不得不表现出对议会以及英格兰普通法传统的足够尊重。詹姆斯颁布的第一步法案就宣布:“根据王国的法律,在议会这一最高的法院中,王国整体,以及这一整体中的每一个人,或者亲自或者通过代表(以自由选举为基础),都被认为已经亲自出席了议会。”[98]在1604年的第一次议会演说中,詹姆斯也承认“出席议会的议员代表了整个王国以及王国中的所有人民。”[99]不过，在这次演说中，詹姆斯向议会高调宣扬的神圣王权理论促使议会发表了一篇《辩护与满足的形式》(*The Form of Apology and Satisfaction*)，提醒国王，要尊重人民的自由与习俗，这些自由与习俗是正当的，并且是祖传的，“议会这一最高法院只向别的法院发布法律，从不从别的法院接收法律或指令”。国王即便是上帝的代理人，但下院代表了人民，而人民的声音就是上帝的声音。[100]此外，为了解决财政上的困难，詹姆斯试图不通过议会而征税，这引起了国王与议会之间的紧张。例如1610年，在贝特一案(Bate's Case)中，财税法院法官做出了有利于国王的判决，但是下议院的法律专家们质疑了财税法院的判决，他们认为从理查二世到玛丽女王时期就没有未经议会授权而对商品进行征税的先例。面对议会的质疑，詹姆斯只能解散议会。[101]在詹姆斯统治时期，国王同议会的关系时而缓和，时而陷入紧张，宪政的均衡在一定程度上仍能得以维持，并未陷入危机。

查理一世继位时，他并不敌视议会。在詹姆斯一世统治时召开的最后两次议会上，查理就曾经出席了上议院，因此，他对于议会已经拥有一定的经验。然而，查理继位后召开的议会非但没有像国王想象的那样给予国王慷慨的资助，下院仅仅给予国王象征性的款项，并要求调查议会之前授予的捐助是如何被挥霍掉的。此外，下院也没有遵循自爱德华四世以来就形成的惯例授予国王终身享有吨税与磅税(tonnage and poundage)的征税权，而只是授予查理一世一年的征收权。查理将议会迁往牛津，然而下院没有屈服，他们认为王室的财政困难是由于王室政府管理不当，而导致宠臣私饱中囊。议会决定，在授予国王税收之前，必须先“清君侧”。国王的宠臣白金汉公爵首当其冲。[102]1626年召开的议会要求弹劾白金汉公爵。为了挽救自己的大臣，查理一世将下议院成员召集到白厅，对他们说：“议会的召集、开会以及解散都完全在我的权力范围以内,因此,我可以根据议会所取得的结果是好还是坏,来定夺议会是否应当继续。”[103]虽然查理一世的表态合乎当时的宪制,但它足以恶化国王与议会之间的关系。此外,查理一世在议会未予批准的情况下仍然继续征收吨税和磅税及其他税收,这在议会看来,无疑触动了它的权利。更严重的是,未经议会批准的税收仍然无法满足国王,他诉诸强制贷款(Forced Loan)。枢密院将拒绝出钱的达内尔(Darnel)、汉普登(Hampden)等五位骑士羁押。在随后召开的1628年议会上,面对国王对臣民财产与人身权利的侵犯,在柯克等人的领导下,议会向国王提交了著名的《权利请愿书》。国王为了获得下院提供的资助不得不同意了《权利请愿书》,因而它具有了法律的性质。《权利请愿书》认为国王未经议会批准征收的强制贷款是违反“古老宪制”的,今后未经议会的同意,民众不得被强迫进行任何捐赠、借贷、施恩、交税或承担类似的负担。[104]在国王与议会的争论中,双方都引用“古老宪制”,认为对方破坏了古老宪制。国王认为诸如吨税与磅税这些税费都是国王自古以来就享有的特权,而议会则认为国王不经议会批准征收的税费侵犯了英格兰人祖传的自由与权利。[105]对于议会主权的主张者来说,即便人们承认议会拥有立法主权,只有议会才能征税,但问题在于,正像查理一世不断主张的那样,国王能够任意召集、解散议会,并且诸如宗教、外交等事务也是王室的特权,议会无权干预。议会主权的主张者最终不得不承认国王拥有主权。而君主绝对权力的主张者又不得不承认,君主必须受共同体的法律即普通法和议会的约束。国王的特权与人民的自由之间的分歧在既有的法律与法权秩序上已经无法解决,秩序的重建需要一次革命性的决断。

议会之所以能够成为同国王斗争的坚强堡垒,在很大程度上是由于从伊丽莎白一世以来,议会本身就在不断地发展,这不仅表现在议会所涉及的事务在不断扩大，同时也表现在议会本身的组织在不断完善，并且议会议员同各自选区选民之间的联系变得越来越频繁。[106] 议会言论自由的范围不仅体现在控制王室收入方面，同时议会还要求在宗教以及国王的外交政策方面拥有讨论的自由。全国的民众也逐渐转向议会寻求伸张冤屈。那些自认为受到不公正对待的人都将自己的案件提交给议会。而在伊丽莎白一世时代，他们往往寻求枢密院获得帮助。同时议会议员也越来越愿意发挥实质性作用，越来越重视各自选区的重要性，议会议员不再是王室枢密院成员可以随意摆弄的。下院议员在议会中的反对声音都能够得到地方上相应选区的支持。议员间的联络也变得更加频繁。议员间彼此变得更加熟识。在共同的接触中，逐渐形成了某些共同的目标，并因此形成一个个专门的委员会。下议院逐渐地发展出一套高效的委员会机制。在詹姆斯一世统治早期，下院议长通常都是王室的代理人，尽一切力量实现国王的目的。下院对此深有体会，并发展出一套对付议长的办法，这就是全院委员会。1607 年的议会中，议长试图通过不出席议会令议会停摆，下院便决定组成一个全院委员会，并选举一人担任主席。因此，议会可以在议长缺席的情况下继续讨论事务。[107] 到 1614 年议会全院委员会成为议会的常设机构，处理各种非常重要的事务。更重要的是，为了制止国王特权滥用，议会学会形成立法法案。因此，在议会变成了一个平台，在其中，对国王政策不满的各种声音，无论是宗教上的、政制上的还是司法上的，都能够得到表达，并形成一股统一的力量。

在 1629 年的议会上，国王与议会关于双方权利与特权的分歧已无法弥合。国王试图通过休会制止议会对国王在征税问题上的指责。议会领袖艾略特(Eliot)、塞尔登(John Selden)等人则将议长强行摁在座位上不得动弹。艾略特宣读了反对国王不经议会征税的抗议书。[108]议会通过了三项决议:任何试图革新宗教或引入教皇制、阿米尼乌斯派教义的人都应当被定为国之公敌;任何建议或参与征收吨税与磅税的人也应被定为国之公敌;任何缴纳吨税与磅税的人都应被认为是背叛英格兰的自由,是自由的敌人。[109]查理一世将在议会中制造事端的艾略特、塞尔登等人投入监狱,并解散了议会,开始了长达11年的无议会统治。

在这11年的无议会统治中,查理一世继续通过出售垄断与专利权、出售监护权(Wardship)和征购特权(pourveyance)、对缺席加冕仪式的骑士处以罚款、船税(Shipmoney)等方式解决财政问题。[110]这些权利在查理一世看来无疑都属于王室的封建特权,王室无需议会的批准即可征收。但是,这些税费尤其是面向全国征收的船税引起了民众的强烈反对,只是民众反对王权的斗争尚缺乏一个统一的机构得以表达。而查理一世运用王室特权征收的税费即使能够如数收悉,也仅够维持和平时期王室政府的正常运转,根本无法应对战争与镇压苏格兰叛乱的要求。在苏格兰内战的迫切压力下,查理一世只能时隔11年之后再次召开议会,即短期议会与长期议会的召开。

长期议会的召开给了王权反对派一个统一的平台。长期议会首先是弹劾了斯特拉福德,并将劳德投入监狱。在斯特拉福德弹劾案中,下院领袖约翰·皮姆(John Pym)已经运用了国王的双重身体的理论来论证斯特拉福德的叛国罪。皮姆认为,叛国罪不仅是针对国王自然身体的犯罪行为,它更是针对国王政治身体的行为。国王是英格兰的首脑与代表,对英格兰背叛也应当视为对国王的背叛,因此,也应是叛国罪。[111]议会通过了《三年法案》,无论是否得到国王的召集,议会至少每三年召开一次,并且未得到议会的许可,国王不得擅自解散议会。议会废除了星室法院和教务高等法院。国王从此不得到议会的许可什么事情也完成不了,任何人未经司法权威的审判,再也不会被国王投入监狱。在确保议会的这些要求得到国王的同意之后，议会同苏格兰人签订协议，付给他们钱款，让他们回苏格兰。[112]

通过这些关键性的举措，长期议会已经将国王的主权地位压制下去，国王不得再有法外特权的存在，议会不再是一个只能依凭国王意志而存在的实体，它第一次确立了自己主权者的地位。“这时议会两院第一次独立地行使原本属于国王及其枢密院的职权，因此，议会不再只具有咨询建议的功能，在某些特定时刻，它还具有决策的能力。”[113]因此，议会两院无论在《三年法案》，废除特权法院以及弹劾斯特拉福德这些问题上都没有分歧，它们共同体现了议会要求主权的主张。此后，1642 年开始，议会与国王的斗争首先在文字上展开，议会与国王都发表了一系列的宣言表明自身的原则与立场。这些宣言体现了议会与国王各自的原则与主张。议会的主张与要求体现在 1641 年议会通过的《大抗议书》(The Grand Remonstrance)[114]和 1642 年的《十九条主张》(The Nineteenth Propositions)[115]中。而国王的主张则体现在《国王对十九条主张的答复》(King's Answer to the Nineteenth Propositions)[116]。

《大抗议书》共 204 条。在这份宣言中，议会认为在英格兰存在一个邪恶党(malignant party)。这个恶党由“耶稣会士以及其他向往与渴望罗马的人组成、创建和操控”。他们试图压制英格兰教会的纯正信仰，引入贴合罗马天主教的教义与仪式。因此，这个恶党由三部分人组成：耶稣会罗马天主教徒、主教以及教会中的腐败分子、国王身体的廷臣和枢密院成员，他们的目的就是为了增进外国势力的利益。在议会看来，斯特拉福德和劳德事实上就是这个党派的首领。议会的目的就是要反对英格兰的这个恶党，要保护英格兰的根本法律与制度，维护王国正当的宗教与法律秩序，保证王国的“幸福、繁荣、和平与安全”。[117]

为了防范爱尔兰天主教徒叛乱引起英格兰国内“天主教徒和其他邪恶之人”的动乱，议会通过了《军事条例》(Militia Ordinance)[118]，由议会任命了全国和地方武装力量的领导者，并在全国进行征兵工作。查理一世认为议会的行动是对国王特权的侵犯，不同意通过议会的这一议案。他认为没有国王的同意，议会通过的《军事条例》就不能成为法律。5月19日议会对国王的这一观点进行了反驳，议会认为：“议会中的贵族院和平民院是王国的最高司法机构，它有权颁布王国的法律；对议会颁布的法律进行质疑与争辩，甚至否决，并发布命令让人民不遵守议会颁布的法律，这是对议会特权的严重侵犯。”[119]嘉德纳认为，这是议会对主权第一次提出明确的要求。

6月1日议会通过的《十九条主张》是“清教革命”中的重要文件，议会通过它系统地向国王提出了宪政变革的要求。议会的十九条主张包括现任所有国家官员、枢密院成员、廷臣全部解职，由议会重新任命。王国事务不再由国王或其枢密院成员个人处理，一律交由议会讨论、决定，议会是“国王至高无上的议事会”(great and supreme council)。所有的法官都由议会任命，任期由其职责表现决定(*quam diu bene se gesserint*)。议会做出的判决是最高司法判决，对所有法院都有效力。这些要求剥夺了国王行政与司法上的权力。议会还要求在宗教与外交上控制国王的权力。在宗教上，国王应当同意教会政府与教义按照议会要求的进行，要求国王严格执行针对耶稣会士、天主教徒的法律，不得对他们有任何宽容。在外交上，国王应当同荷兰联省以及其他支持新教信仰、反对天主教的国家结盟。此外，议会还要求王室子女的教育与婚配应当得到议会的许可与监督。通过这十九条主张，议会试图全面地控制王国的所有事务，国王若同意了这些要求，无疑将变成傀儡而已。“逐渐地，议会似乎在国家将来应如何统治方面得出了一个确切的结论。1642年6月2日呈交给国王的《十九条主张》表达的正是这一结论，它明确地要求建立议会这一代表机构的实际主权地位。十九条主张事实上包含看一个新宪制的框架。”[120]

《国王对十九条的答复》由查理一世的财政大臣约翰·科尔佩普(John Colepeper)和国务大臣福克兰(Earl of Falkland)起草，并得到海德(Edward Hyde)的授权发表。这份答复认为议会《十九条主张》中提出的要求势必要推翻政府，因此国王不会接受它们。除此之外，更重要的是，这份答复代表国王描述了英格兰的宪政形式。英格兰政府是混合政体，国王的权力与臣民的自由能够得到很好的协调。国王不再认为自己能够打破政体的平衡，实行暴政，在答复中，查理一世诉诸古典的混合政体理论。有三种纯正的政体形式，分别是绝对君主制、贵族制和民主制。它们各自有各自的优缺点。先人们的经验与智慧已经将这三种政体形式很好地混合起来，并使它成为这个王国的政体。只要国王、贵族和平民三个等级保持适当的平衡，它就能避免了三种纯正政体各自的缺点而兼具各自的优点。“在英格兰王国，法律就是由国王、贵族院以及由人民选出的平民院共同制定的。它们拥有各自的特权，并能自由投票。”[121]

除了共同分享立法权之外，三个等级还拥有各自的权力。国王负责政府管理。他负责签订战争与和平的协约，创设贵族，选任国家的官员以及判决案件的法官，任命要塞和城堡的司令官，发布征兵作战动员令，镇压国内的叛乱，执行特赦等等。为了防止国王滥用这些权力或者为了防止国王为了宠臣的利益而滥用公共权力，唯独下院被授予一项头等重要的职能：它有权决定提供钱款与否，而不论战时还是和平时期，金钱都是国家的筋骨(sinews as well of peace as of war)。并且，下院还拥有弹劾的权力。贵族院拥有司法权，它是国王和人民之间的屏障与篱笆，防止国王与人民之间相互侵犯。在这种混合政体之下，议会两院的权力已经能够防止暴政的产生，因此，议会的《十九条主张》就是破坏了政体的均衡,查理一世不会接受它。

《国王对十九条的答复》极其重要。在法律上,《国王对十九条的答复》也是一个承前启后的正式文件。它一方面总结了传统的宪政理论,另一方面,从王室复辟以及"光荣革命"的最终后果来说,英格兰的议会主权理论并没有走上废除国王,将国王抛出议会之外的道路,而是走在《国王对十九条答复》所勾画出的混合政体的道路上。议会主权是"王在议会"(King in Parliament)的议会主权,这个主权者包含了上议院、下议院以及国王,它们分别代表了古典政体理论中的贵族成份、民主成份以及君主制成份。维斯顿的著作也认为,在《国王对十九条主张的答复》之前,立法权并没有成为主权的核心要素,因此,在此之前,议会的立法主权不可能得到确认。《国王对十九条的答复》才是国王对议会主权的确认。[122]因此,英格兰议会主权的政治体制是混合政体的体现。《国王对十九条的答复》中,国王已经放弃自身高于法律、高于议会的政治观点,放弃了神圣王权的理论,而承认以共同体为中心的宪政理论。

在实践中,这份宣言明确地将国王的地位定位为英格兰传统古老宪制中的一个部分,国王不再坚持神圣王权的主张,他也不再把自己看作高于王国与共同体的存在。这样,国王通过这份宣言就凝聚了议会以及地方上保守的力量。1628年曾经反对国王的许多议会成员都会认同《国王对十九条的答复》中关于英格兰宪制的阐述,转而支持国王的立场。"国王1642年所阐述的宪政概念就是1628年议会下院所主张的宪政观念。"[123]事实上,在1641年关于主教地位的问题上,议会的分歧已经形成了。激进的一方担心国王会以主教为核心复辟,因此要求彻底废除主教;保守的一方如海德、福克兰伯爵则只要求对主教制度进行适当的改革而不是彻底废除。[124]议会的分歧在《大抗议书》的争论与通过中也充分地体现出来。议会对《大抗议书》进行了长久的争论，最后也只以11票多数通过。而《国王对十九条答复》的抛出，正式确立了国王在这场革命中的保守地位，议会中的分歧正式形成。而这也将英格兰推到了内战的边缘。因此，在某种程度上英格兰内战已经并不是为国王与议会而战，而是议会中的激进派与保守派之间的战争。

至此，英格兰宪政革命中议会派与王权保守派之间宪制上的分歧已经清晰地形成。无论议会派还是王权派，神圣王权理论都已经不再成为一个问题，正如在《国王对十九条的答复》中表明的那样，王权保守派主张的也已经不再是查理一世1630年代所施行的那种绝对君主制。"1643年，如果说还有一些王权派把国王视为绝对君主，能够随心所欲地制定法律，那么这种人也是极其稀少的。……王权派已经承认的是王在议会(King in Parliament)的绝对权力。……王权派几乎和议会下院一样痛恨绝对主义观念。"[125]王权派"混合政体"理论主张的议会主权事实上要求的是将政府与行政的实质性权力保留给国王及其廷臣，而议会派《十九条主张》则要求将这些权力也收入议会囊中。1643年的王权派已经在为日后托利党的形成准备材料。议会派和王权派双方都在为各自主张的议会主权理论斗争。

1642年《国王对十九条的答复》在英格兰全国发布之后，便引发了英格兰史上最为广泛的一场政治论战。议会为了反驳国王的观点，专门成立了一个委员会以应对国王的理论。在这场大论战中，议会派著名的理论家包括亨利·帕克(Henry Parker)、威廉·普林尼(William Prynne)、亨顿(Hutton)等，王室派的著名作家则包括亨利·费尼(Henry Ferne)、约翰·斯佩尔曼(John Spelman)、费尔默(Filmer)等。[126]议会派和王权派为各自的主张所做的斗争并不仅限于文字与理论上，接下来的便是内战。

在内战中，议会比王权派占据更大优势。因为它拥有比国王更多的金钱工供其使用,并且占据了国内最富庶的地区。而伦敦和商人阶层一般都愿意为议会做出贡献,议会筹款并不感到多大困难。议会占有伦敦和大多数港口也使得关税能够得到保证,关税是国家税收中最主要的部分。[127]然而,内战一开始,议会在战场上便陷入被动状态。[128]如果在战场上失利,议会在宪政上的所有主张都将消失。在这危机时刻,议会派领袖皮姆决定再次向苏格兰人寻求联盟。结果便是著名的"庄严联盟与约法"(Solemn League and Covenant)。在17世纪,这是继詹姆斯一世主导的王室联合之后,英格兰与苏格兰第二次尝试联合。

这份《庄严联盟与约法》于1643年8月17日由威斯敏斯特宗教大会(Westminster Assembly)通过,并于9月25提交给下院。《约法》开篇序言写道:"……为了保存我们自身以及我们的宗教免受彻底的摧毁与毁灭,根据各自王国先前值得钦佩的实践以及其他民族虔诚的人民的榜样,经过审慎的考虑,我们决定缔结成相互的、庄严的联盟与约法……"[129]从这段序言可以看出,这一次的联盟主要是宗教性质的联盟。《约法》规定由六项内容,首要的是将苏格兰、英格兰和爱尔兰新教在教义、仪式、教规以及管理上按照"上帝之言"加以统一。其意图在于用长老会教会改造与统一英格兰与爱尔兰的教会。这是苏格兰长老会在英格兰内战中愿意出兵帮助议会派的主要目的。为实现这个目的,《约法》第二条规定各国应当尽心竭力地根除天主教、主教(包括整个主教教阶体系)迷信、异端等等有碍于纯正信仰的事物。

"庄严联盟与约法"这种形式的联合在苏格兰有很深的思想背景,最早在格斯克罗夫特的大卫·休谟(David Hume of Godscroft)1604年的著作中有所体现。作者主张以长老会教会的形式来统一整个不列颠岛。[130]

从条文表面上看,"庄严联盟与约法"只具有宗教联盟的性质,但必须考虑到长老会在苏格兰所处的地位，对英格兰与苏格兰这次联合的性质才能有更确切的理解。自1560年苏格兰的宗教改革以来，长老会已经取代国王与议会成为苏格兰民族的代表与象征。苏格兰的世俗秩序包括国王与议会都必须受长老会大会的制约。在国王的民事司法体系之外，长老会有自己的教会法院体系。为了对抗麦尔维尔的“双重王国”理论，詹姆斯六世才阐发了引起众多争议的神圣王权理论。由于长老会大会的存在，苏格兰议会实际上名存实亡，大量重要的事务都必须先交由长老会大会讨论与决定，再交由议会象征性通过。因此，长老会控制的这一套体系既是宗教体系，又是政治体系。苏格兰这一长老会神权统治的体系，在詹姆斯六世以及查理一世时期受到他们推行的主教制的冲击而衰落。但在苏格兰1638年“民族约法”死灰复燃之后，这套体系又获得重生。1643年，苏格兰长老会试图将这套体系强加给英格兰。因此，“庄严联盟与约法”看似只是宗教性质的联盟，但实质是苏格兰长老会试图通过这一联盟也在政治上统一不列颠岛和爱尔兰。“庄严联盟与约法”实质上是苏格兰长老会帝国主义的体现。英格兰议会以及皮姆对此十分清楚。但是，为了获得苏格兰的帮助以对抗保王派，英格兰议会不得不做出妥协。签订这一“约法”就意味着英格兰议会必须决定彻底废除英格兰国教。这在英格兰看来是很难办到的，自都铎王朝亨利八世主导宗教改革以来，国教已经几乎和议会一样是英格兰的象征。因此，在英格兰议会中遭到强烈的抵制。

通过《庄严联盟与约法》，英格兰与苏格兰两国订立了联盟。这一联盟的订立意味着两国必须采取协同一致的军事行动。这要求建立一个共同的执行机构。为此，英格兰议会与苏格兰成立了“两国委员会”(Committee of Both Kingdoms)。1644年，英格兰议会中的激进分子认为，与国王的战争如果想要去的一些成果，议会就必须更加有效的行动。因此,议会需要一个集中统一的行政部门使作战更加有效。由于苏格兰已经成为了议会的盟友,因此,这一部门就应当由两国共同组成。因此"两国委员会"便在英格兰议会此前存在的"安全委员会"(Committee of Safety)的基础上融入苏格兰方面人员成立。[131]它是两国联盟之后一个共同的执行机构。

"两国委员会"负责处理英格兰议会与苏格兰方面关于战争的决定。其职能包括:"负责同苏格兰方面人员保持接触,并执行议会所作出的决定……此外,在战争进行中负责处理战争事务……负责保持三个王国之间以及同外国的情报沟通。在这些方面,委员会有权提出建议与咨询,发布命令并直接指挥。……委员会无权在未得到议会直接指示的情况下,处理任何涉及停战或媾和方面事务,或对此提出建议与咨询。"[132]

在人员组成方面,"两国委员会"的人员构成十分复杂。它代表了英格兰议会中各个方面以及苏格兰方面的利益。1644－1645年期间,委员会共有27名委员,其中包括6名苏格兰委员,7位上院议员以及14位下院议员。[133]这些成员中有许多主战的激进派,也有不少主张同国王媾和的稳妥派。因此,英格兰议会本身的分裂以及英格兰委员与苏格兰委员在各自目的上的分歧,导致"两国委员会"事实上没有取得任何成果。"只有当议会立法机构存在一个合理、统一的目的时,一个统一团结的执行机构才有可能存在。一旦议会中的统一不复存在,委员会也就再也不能够唯一正式地表达议会的声音,只能成为一个密谋各种阴谋与分裂的场所。"[134]

有许多原因促使庄严联盟的缔结,首先很重要的是查理一世的宗教政策迫使英格兰与苏格兰在新教层面上寻求联合。查理一世在宗教统一方面他却继续并推进了詹姆斯一世的做法。查理一世在苏格兰强硬的宗教政策却产生了令人始料不及的后果,即为了对抗查理一世强力推行的主教制，英格兰与苏格兰试图在新教层面实现联合。这些就是苏格兰约法派们试图实现的理想。[135]在主教战争期间，英格兰与苏格兰就已经建立起宗教与经济上的联系。这是1640年第二次主教战争期间苏格兰入侵英格兰北部后，阿盖尔同皮姆所建立的联系。这次的联合采取的是邦联或联盟的形式，而不是政治的联合。而这次联系也为1643年英格兰议会同苏格兰长老会订立庄严联盟与约法打下了基础。

苏格兰长老会中存在激进派与保守派。激进派由阿盖尔侯爵领导，他主张同英格兰议会结盟；保守派由汉密尔顿侯爵领导，他主张同保王派结盟。"庄严联盟和约法"能够订立的一个原因也在于苏格兰的长老会与议会是被长老会激进派阿盖尔侯爵控制。"激进派控制了执行机构以及等级会议，因此能够保证同英格兰议会通过庄严联盟与约法形成正式的同盟，并进而参与英格兰的军事行动。"[136]在英格兰议会方面，联盟能够缔结在很大程度上要归功于议会领袖皮姆的领导与坚持。[137]

此后当激进派主导的"庄严联盟与约法"被英格兰抛弃，因此阿盖尔在长老会中失势，长老会的领导权转由汉密尔顿侯爵控制之后，长老会便转向支持国王。这便是此后1647年12月，汉密尔顿领导的长老会保守派同查理国王的缔约，旨在恢复和保卫不列颠王室的权威，但条件是国王必须将长老会在英格兰试行至少三年。此即所谓"不列颠协约"(Britain Engagement)。"不列颠协约是第一个由苏格兰发起的旨在促进合并性联合的行动，它试图将政治复辟同商业的复兴联系在一起。协约者(Engagers)一心致力于实现1604年詹姆斯一世提出的英格兰与苏格兰的全面联合。"[138]苏格兰长老会通过"不列颠协约"与国王结成同盟这种做法，在克伦威尔看来就是苏格兰人首先破坏了"庄严联盟与约法"，这就给了克伦威尔征服苏格兰很好的理由。[139]而苏格兰长老会军队在邓巴(Dunbar)一役的惨痛失利给苏格兰民族留下了长久的挫败感。"不列颠政治中的苏格兰时刻(Scottish Moment)也就正式终结。"[140]苏格兰长老会的帝国主义叙事就此终结。

苏格兰长老会帝国主义失败的之所以在英格兰失败,首先在于苏格兰在经济社会等方面不同于英格兰。苏格兰与英格兰虽同为新教国家,都反对罗马天主教的权威,但是,英格兰在人口、贸易、财富方面都远超苏格兰。在英格兰,"新的工业已经成长起来,并且在国内建立了一个由更加富裕与精明的俗人构成的市场。"[141]而 17 世纪的苏格兰在贸易、工业和人口方面几乎都是停滞的。

其次,由于英格兰工业、贸易与财富方面的进步,它就培育了一个"有教养的俗人阶层",他们独立于教会与政府,并且在一个统一与组织有序的政治机构——议会中发挥作用。中间阶层尤其是名副其实的议会都是苏格兰所缺乏的。

最后,自 1560 年宗教改革之后,苏格兰就被革命性的宗教意识形态所主导。"就像今天的马克思主义一样,新的加尔文宗教并没有在孕育了这种意识形态的成熟的社会中取得胜利,相反却在那些落后的国家生根。因为在这些落后国家中,能够抵抗这些意识形态的机构也是不发达的。这点颇为反讽,但看来却是一条历史铁律。"[142]在英格兰,加尔文宗教并没有取得主导地位,而在苏格兰加尔文派教士却控制了这个国家,他们将自己视为精英,能够带领人民和国家前进。苏格兰议会这一世俗机构毫不起眼,但教士的组织机构长老会大会却是权力中心,在危机时刻,它就像英格兰议会一样,是整个民族的代表。

1640 年代,苏格兰长老会只看到英格兰议会与自己在反对专制王权方面的一致性,而忽视了两国在社会、经济和政制上存在的巨大的差异,试图在英格兰进行"革命输出"。英格兰议会也意识到,一旦苏格兰长老会帝国主义在英格兰通过庄严联盟与约法取得成功,长老会教会将在英格兰取得像它在苏格兰取得的那种主权地位。那么，英格兰政制的议会主权原则以及法治原则很可能将随之消失，屈服于长老会主导的神权政体。苏格兰长老会的革命输出取得的唯一成果就是苏格兰自身被克伦威尔的铁蹄所征服。

第三节 军事征服与克伦威尔联合

克伦威尔在邓巴、沃尔赛斯特（Worcester）取得的胜利以及蒙克将军捕获苏格兰立法委员成员使苏格兰完全处于英格兰共和国的控制之下。苏格兰的政府被消灭了，国王被流放了，她的命运将任由英格兰摆布。不过，英格兰并没有效仿古罗马人的做法，把苏格兰当成一个被征服的行省。在《英格兰共和国议会关于苏格兰事务的决议》（A Declaration of the Parliament of the Commonwealth of England, concerning the Settlement of Scotland）中，英格兰议会决定，"苏格兰应当并且可以被并入（incorporated）英格兰，成为一个共和国"。[143] 为执行这项决议。英格兰向苏格兰派出处理苏格兰事务的委员。委员们要求苏格兰每个郡以及王室市镇选区选出2位代表，一起同意英格兰提出的联合请求。由于苏格兰正处于被军事占领状态，苏格兰选出的代表们很快就同意了英格兰提出的联合请求。英格兰议会决定起草《联合法案》（Act of Union），并要求苏格兰选出21名代表前往英格兰，全权处理联合事务。[144]

1652年10月6日，苏格兰的代表抵达伦敦。而在此之前，英格兰议会已经对起草的《联合法案》进行了一读与二读，准备交由英格兰与苏格兰共同组成的委员会审议，并最后通过。而事实上，在对《联合法案》的审议上，苏格兰方面的委员更多地提供只是提供咨询意见，并没有权力参与法案实质内容的审议。[145] 苏格兰委员提出了两点要求：

苏格兰的军队应当被整合进英格兰、爱尔兰的军队中，形成共和国的联合军队；法案中应当明文规定联合后议会中苏格兰代表的数量以及选举的时间。苏格兰代表尤其要求提高苏格兰议员的数量，他们认为，不应当仅仅依据税收数量来评估联合后议会中苏格兰议员数量，同时还应参考苏格兰王国的人口总数以及教区数量。[146]据此，苏格兰委员认为，苏格兰的议员人数理应为120名，至少联合后的议会要有60名苏格兰议员。而英格兰议会最终将苏格兰议员人数确定为30名。[147]

1653年4月，克伦威尔强力解散了残缺议会(Rump Parliament)[148]，因此，上述讨论的《联合法案》并未获得议会通过。克伦威尔另外提名了140余名议员，组成了“露骨议会”(Barebones Parliament)。这140名议员包括129名英格兰议员，5名爱尔兰议员和6名苏格兰议员。[149]“露骨议会”起草了一份《联合法案》，并通过了一读与二读。[150]到12月12日，“露骨议会”解散，进入克伦威尔的护国公体制。英格兰与苏格兰的联合并未完成。

护国公的国务委员会继续完成两国的联合事宜。他们以露骨议会起草的《联合法案》为基础，进行讨论，并提交给克伦威尔。最后于1654年4月12日法案获得通过成为《联合法令》(Ordinance of Union)。法令规定苏格兰的议员为30名，废除了斯图亚特王朝的王位继承权，并废除了各种封建特权。[151]按照这份法令的规定，苏格兰选举了议员参加了护国公时代1654年和1656年的两届议会。在后一届议会上，苏格兰的法律存废问题以及同英格兰的自由贸易等问题被提交讨论，并且于1657年最终将《联合法令》变成了《联合法案》。“至此，历经五年多，两国联合最终在议会法案的基础上得以实现。”[152]

克伦威尔的联合是建立在军事征服的基础之上的，共和国时代的英格兰一方面用议会联合的方式掩盖对苏格兰的军事征服与占领，另一方面更重要的是，两国的联合要取得真正的成功，克伦威尔就必须在法律与宗教两个方面对苏格兰社会进行改革。

事实上，英格兰与苏格兰的联合真正取得成功的条件是用英格兰议会为主导的世俗政治体系取代苏格兰长老会主导的神权政治体系。“本质上，共和国与护国公体制都只不过是英格兰借共和国的掩饰而确立霸权的有用标签而已。”[153]英格兰与苏格兰的联合是体现在议会中的哥特传统对斯图亚特不列颠帝国视野以及苏格兰长老会帝国主义的胜利。这种胜利表面上通过克伦威尔的军队短暂地实现了。并且，克伦威尔也尝试从法律与宗教等方面对苏格兰社会进行改革。[154]这些改革取得成功的条件是苏格兰像英格兰一样存在一个独立、世俗的士绅阶层以及这个阶层借以表达自身意志的机构：议会。[155]但无疑，此时的苏格兰既缺乏这么一个实质性机构的，也缺乏这个机构赖以生存的社会土壤。

克伦威尔联合失败的原因，一方面在于这次的联合本身更多地只是建立在英格兰队苏格兰的军事征服基础之上，尽管在两国联合的过程中采取了议会联合与代表同意的方式，但它并非苏格兰真实民意的体现，它并非苏格兰社会本身内在的要求，而是一种外在强加的制度。其次，更主要的是，英格兰共和国以及护国公时代的政制本身已经脱离了英格兰传统的王在议会的议会主权模式，克伦威尔一院制的政制并不足够稳定。一俟共和国及护国公政制解体，克伦威尔的联合也就不可避免失败了。不过，克伦威尔的联合导致的一个重要结果是，由于当时英格兰时是一个共和国，一院制的议会是王国内最高的主权机构，因此，此后合并式的联合只能通过议会的联合来实现。“复辟尽管摧毁了克伦威尔的联合，但它并没有消灭英格兰人的信念，即英格兰与苏格兰的联合只能是议会的联合。”[156]

注释

1. H.R. Trevor Roper, "The General Crisis of the Seventeenth Century", *The Crisis of the Seventeenth Century*, New York: Harper & Row, 1967, pp.43－81.

2. *Ibid*.

3. Allan Macinnes, *Union and Empire: the Making of the United Kingdom in 1707*, London: Cambridge University Press, 2007, p.54.

4. Allan Macinnes, *Union and Empire*, p.54.

5. Plowden, *Reports*, 212a, (London, 1816),转引自 Ernst Kantorowicz, *The King's Two Bodies: A Study in Mediaeval Political Theology*, New Jersey: Princeton University Press, 1997, p.7。

6. 梅特兰认为:"中世纪的国王是彻头彻尾的王者,但是正因为如此,他也是彻头彻尾的自然人,人们不能随意对其加以评论。"参见[英]梅特兰:《国家、信托与法人》,樊安译,北京:北京大学出版社, 2008年,第42页。

7. 玛丽死后,伊丽莎白一世写信给詹姆斯六世,诚挚地向他表示歉意。詹姆斯接受了伊丽莎白的道歉,并且第二年就为对抗无敌舰队做准备。如果詹姆斯是另外一种性情的人,那么伊丽莎白一世绞死苏格兰的玛丽就十分危险。1588年如果苏格兰和西班牙联合,那对英格兰来说就异常危险。不过,虽然詹姆斯付出的代价昂贵,但所得也丰厚。参见 Robert Rait, *An Outline of the Relations between England and Scotland*, London: Blackie & Son Press, 1901。

8. Brian Levack, *The Formation of the British State: England, Scotland, and the Union 1603－1707*, Oxford: Clarendon Press, 1987, p.2.

9. [英]詹姆斯一世:《国王詹姆斯政治著作选》,萨默维尔编,北京:中国政法大学出版社,2003年,第133页。

10. 同上,第134页。

11. 同上,第133－134页。

12. 同上,第135页。

13. [英]詹姆斯一世:《国王詹姆斯政治著作选》,第136页。

14. 转引自 William Ferguson, *Scotland's Relations with England: A Survey to 1707*, Edinburgh: John Donald Publishers, 1977, p.100。

15. 英格兰人担心国王称号的改变暗示着英格兰王国被征服,以及英格兰的法律被推翻。参见 William Ferguson, *Scotland's Relations*, p.101 以及 Keith Brown, *Kingdom or Province? Scotland and the Regal Union, 1603 - 1715*, London: Macmillan, 1992, p.81。

16. 1604 年委员名单参见 A. Dicey, *Thoughts on the Union between England and Scotland*, London: McMillan, 1920, pp.376 - 383。

17. William Ferguson, *Scotland's Relations*, p.102.

18. [英]詹姆斯一世:《国王詹姆斯政治著作选》,第 161 页。

19. 同上,第 161 页。

20. 同上,第 161 - 162 页。

21. 同上,第 163 页。詹姆斯改革普通法的设想过于超前,如果詹姆斯神圣王权理论、国王的主权地位能够得到议会承认,那么詹姆斯运用国王的绝对权力或许还能改革普通法。但是,在国王与议会就宪政形式即主权归属问题仍然存在争议,国王权力并不如詹姆斯神圣王权理论中设想的那么巩固、不可置疑的情况下,改革普通法和他的联合设想一样,最终都无法实现。在未来,普通法在柯克的手上不仅成为反对王权的强有力武器,而且即便在 1707 年英格兰与苏格兰最终实现联合的情况下,法律统一的问题最终也被搁置。迟至 19 世纪,普通法才在边沁功利学派持之以恒的攻击下,通过《改革法案》以及司法体系的改革得到革新。到这个时代,由于奥斯丁法理学的出现,主权观念不仅在实践中而且在理论上都已经得到了完善,法律作为主权者的命令这一观念的普及无疑将普通法推到了改革的前沿。

22. [英]詹姆斯一世:《国王詹姆斯政治著作选》,第 172 页。

23. 同上,第 173 页。

24. Samuel Gardiner, *History of England from the accession of James I. to the outbreak of the civil war 1603 - 1642*, London: Longmans Press, 1883, Vol.1, p.337.

25. Theodora Keith, *Commercial Relationship of England and Scotland, 1603 - 1707*, London: Cambridge University Press, 1910, pp.13 - 14.

26. 1606 年罗伯特·加尔文出生于爱丁堡。他在英格兰继承的一块不动产被人强占,他的监护人提起诉讼,要求恢复他的权利。案件在财政署法院(Exchequer Chamber)由大法官(Lord Chancellor)埃尔斯莫(Ellesmere)主审。

大法官认为,"詹姆斯继承英格兰王位后出生的所有苏格兰人,无论按照理性还是按照英格兰的普通法,都自然是英格兰臣民,对英格兰国王效忠。因此有权在英格兰购买、保有或继承土地,并有权在英格兰就这些土地提起诉讼。"爱德华·柯克在这个案件中也支持国王的观点。参见 William Ferguson, *Scotland's Relations,* pp.104－105,以及[美]斯托纳:《普通法与自由主义理论》,秋风译,北京:北京大学出版社, 2005年,第53－56页。

27. James Burns, *The True Law of Kingship: concepts of Monarchy in Early Modern Scotland*, Oxford: Clarendon Press, 1996, pp.222－225.

28. [英]詹姆斯一世:《国王詹姆斯政治著作选》,第64页。

29. Francis Oakley, Jacobean Political Theology: The Absolute and Ordinary Powers of the King, *Journal of the History of Ideas*, Vol.29, No.3, pp.323－346.

30. [英]詹姆斯一世:《国王詹姆斯政治著作选》,第65页。

31. 关于学者们对这段经文的讨论参见 Johann Sommerville, "English and European Political Ideas in the Early Seventeenth Century: Revisionism and the Case of Absolutism", *Journal of British Studies*, Vol. 35, No.2, pp.168－194。

32. [英]詹姆斯一世:《国王詹姆斯政治著作选》,第66页。

33. [英]詹姆斯一世:《国王詹姆斯政治著作选》,第69页。

34. 同上,第69页。

35. 同上,第68页。

36. 同上,第68－69页。

37. Roger Mason, *Scots and Britons: Scottish Political Thought and the Union of 1603*, London: Cambridge University Press, 2006; James Burns, *The True Law of Kingship: concepts of Monarchy in Early Modern Scotland*, Oxford: Clarendon Press, 1996.

38. [英]詹姆斯一世:《国王詹姆斯政治著作选》,第73页。

39. 同上,第73页。

40. 同上,第74－75页。

41. 同上,第77－78页。

42. 同上,第78页。

43. 同上,第78－79页。

44. [英]詹姆斯一世:《国王詹姆斯政治著作选》,第79-80页。

45. 同上,第80页。

46. 同上,第81页。

47. John Figgis, *The Divine Right of Kings*, London: Cambridge University Press, 1934, p.5.

48. Akihiro Yamada, "The Printing of King James I's *The True Law of Free Monarchies*", *Poetica*, 23(1986).[英]詹姆斯一世:《国王詹姆斯政治著作选》,第282页,注释468。

49. Jean Bodin, *The Six Books of the Commonwealth*, translated by M.J. Tooley, Blackwell, 1990, Book I, Chapter 8, 23.

50. 参阅 J. Sommerville, *Royalists and Patriots: Politics and Ideology in England, 1603-1640*, London: Longman Press, 1986。

51. 詹姆斯引用了《圣经》中以西结的话,"你拥有的王位是上帝的。"[英]詹姆斯一世:《国王詹姆斯政治著作选》,第142页。

52. 在这点上,詹姆斯重复了《绝对君主制的纯正法律》中有关自然法关于王权规定的论证。[英]詹姆斯一世:《国王詹姆斯政治著作选》,第143页。

53. [英]詹姆斯一世:《国王詹姆斯政治著作选》,第155页。

54. 同上,第181页。

55. 同上,编者导言,第xxiv页。

56. 同上,编者导言,xxvi页。

57. Francis Oakley, "Jacobean Political Theology: The Absolute and Ordinary Powers of the King", *Journal of the History of Ideas*, Vol.29, No.3; C.C. Weston, *Subjects and Sovereigns: The Grand Controversy over Legal Sovereignty in Stuart England*, London: Cambridge University Press, 1981, p.14.

58. 参见[美]麦基文,《宪政古今》,翟小波译,贵阳:贵州人民出版社,2004年。

59. Cf. Francis Oakley, "Jacobean Political Theology: The Absolute and Ordinary Powers of the King", op.cit..

60. Ibid.

61. 关于国王特免权的事例可参见 C.C. Weston, *Subjects and Sovereigns:*

The Grand Controversy over Legal Sovereignty in Stuart England, pp.22－29。

62. *Ibid*., pp.29－32.

63. 中世纪王权概念包含内在的矛盾性。早期基督教的王权以及亚里士多德的发现带来的世俗的权力,托马斯·阿奎那对它的综合,形成中世纪典型的王权概念。阿奎那综合的不完整,使王权概念包含着内在的矛盾性。这种矛盾性在斯图亚特王朝早期就已明显地体现出来。J. Sommerville, *Royalists and Patriots: Politics and Ideology in England,* 1603－1640, London: Longman Press, 1986, p.13.

64. Brian Levack, *The Formation of the British State*, pp.37－38.

65. 维斯顿详细地追溯了英格兰均衡政体的古典渊源。参见 C. C. Weston, "Beginnings of the Classical Theory of the English Constitution", *Proceedings of the American Philosophical Society*, Vol.100, No.2 (Apr.23, 1956), pp.133－144。

66. George L. Mosse, Change and Continuity in the Tudor Constitution, *Speculum*, Vol.22, No.1(Jan., 1947), pp.18－28.

67. 福蒂斯丘的《英格兰法律礼赞》,《论英格兰的政制》。参见[英]约翰·福蒂斯丘:《论英格兰的法律与政制》,袁瑜琤译,北京:北京大学出版社,2008年,第47页及第117页。

68. Thomas Smith, *De Republica Anglorum*, Ed. L.Alston, London: Cambridge University Press, 1906, p.48.

69. *Ibid*., pp.48－49.

70. G.R. Elton, *Studies in Tudor and Stuart Politics and Government*, London: Cambridge University Press, 2003, Vol.2, p.213.

71. Roger Mason, *Scots and Britons,* p.56.

72. G.R. Elton, *Studies in Tudor and Stuart Politics and Government*, London: Cambridge University Press, 2003.

73. G.R. Elton, *Studies in Tudor and Stuart Politics and Government*, London: Cambridge University Press, 2003.

74. [英]詹姆斯一世:《国王詹姆斯政治著作选》,第186－187页;第204页。

75. 同上，第173页。

76. 参见本文第二章，以及 Robert Rait, *The Scottish Parliament Before the Union of the Crowns*, London: Blackie & son, 1901。

77. Robert. Rait, *The Making of the Nations: Scotland*, London: Adam & Charles Black Press, 1911, p.162.

78. 参见 William Ferguson, *Scotland's Relations,* p.107; Robert Rait, *The Scottish Parliament*。

79. Robert. Rait, *The Making of the Nations: Scotland*, p.174.

80. William Ferguson, *Scotland's Relations,* p.112.

81. Robert. Rait, *The Making of the Nations: Scotland*, London: Adam & Charles Black Press, 1911, pp.193-194.

82. S. Gardiner, *The First Two Stuarts and the Puritan Revolution*, New York: Charles Scribner Sons, 1895, p.107.

83. Robert. Rait, *The Making of the Nations: Scotland*, pp.194-196.

84. S. Gardiner, ed. *The Constitutional Documents of the Puritan Revolution 1625-1660,* Oxford: Clarendon Press, 1899, p.130.

85. S. Gardiner, *The First Two Stuarts and the Puritan Revolution*, pp.109-110.

86. Robert. Rait, *Scotland*, p.207; S. Gardiner, *The First Two Stuarts and the Puritan Revolution*, p.112.

87. William Ferguson, *Scotland's Relations*, pp.117-118.

88. J.P. Kenyon, *Stuart Constitution 1603-1688: Documents and commentary*, London: Cambridge University Press, 1986, pp.183-189.

89. Robert. Rait, *Scotland*, p.209.

90. [美]斯科特·戈登:《控制国家——从古代雅典到今天的宪政史》，应奇等译，南京:江苏人民出版社，2005，第314页。

91. 爱德华·柯克语，转引自[美]斯托纳:《普通法与自由主义理论》，第48页。

92. 转引自[美]斯托纳:《普通法与自由主义理论》，第48页。

93. Coke, *Reports*, vol.4, part 8, II8a.转引自 Joyce Malcolm, ed., *The Struggle for Sovereignty: Seventeenth-century English Political Tracts*, 2 Vols. Indianap-

olis: Liberty Fund, 1999, Vol.1, p.xlvi.

94. 参见[美]斯托纳:《普通法与自由主义理论》,第43页。

95. 转引自[美]斯托纳:《普通法与自由主义理论》,第36页。

96. 转引自[美]斯托纳:《普通法与自由主义理论》,第48页。

97. S.R. Gardiner, *A History of England*, 1628－1637(London, 1877), I, p.153.

98. J.P. Kenyon, *Stuart Constitution*, p.21.

99. [英]詹姆斯一世:《国王詹姆斯政治著作选》,第132页。

100. J.P. Kenyon, *Stuart Constitution*, pp.29－35.

101. [英]梅特兰:《英格兰宪政史》,李红海译,北京:中国政法大学出版社,第167页。

102. 参见[英]梅特兰:《英格兰宪政史》,第197－198页。Austin Woolrych, *Britain in Revolution: 1625－1660,* London: Oxford University Press, 2002, pp.53－63.

103. S. Gardiner, ed. *The Constitutional Documents of the Puritan Revolution 1625－1660,* p.6.

104. [英]梅特兰:《英格兰宪政史》,第198页。

105. J.P. Kenyon, *Stuart Constitution*, pp.24－27.

106. 关于伊丽莎白一世时代至内战爆发时英格兰议会发展的论述可参阅W. Notestein, *The Winning of the Initiative by the House of Commons*, London: British Academy, 1924; *The English People on the eve of colonization,* New York: Harper & Row, 1954, pp.190－229。

107. W. Notestein, *The English People on the eve of colonization*, p.197.

108. [英]梅特兰:《英格兰宪政史》,第202页。

109. S. Gardiner, ed. *The Constitutional Documents of the Puritan Revolution 1625－1660,* pp.82－83; Austin Woolrych, *Britain in Revolution: 1625－1660,* London: Oxford University Press, 2002, p.60.

110. Austin Woolrych, *Britain in Revolution,* pp.65－68.

111. S. Gardiner, *The First Two Stuarts and the Puritan Revolution*, p.117.按照议会以及皮姆提到的国王双重身体的理论,国王本人也完全有可能犯叛国

罪，并因此被绞死。议会对斯特拉福德的弹劾遥远地预示了1649年的弑君行动。参见 J. W. Allen, *English Political Thought 1603 - 1660*, London: Methuen, 1938, pp.363 - 370。

112. S. Gardiner, *The First Two Stuarts and the Puritan Revolution*, pp.118 - 120.

113. Michael Mendle, "parliamentary absolutism: A very English Absolutism", Nicholas Phillipson, Quentin Skinner, ed., *Political Discourse in Early Modern Britain*, London: Cambridge University Press, 1993, p.111.

114. J.P. Kenyon, *Stuart Constitution*, pp.207 - 217.

115. *Ibid.*, pp.222 - 226.

116. J.P. Kenyon, *Stuart Constitution*, p.18.

117. *Ibid.*, pp.207 - 217.

118. *Ibid.*, pp.219 - 220.

119. 转引自 J.W. Allen, *English Political Thought 1603 - 1660,* p.389。

120. J.W. Allen, *English Political Thought 1603 - 1660,* p.398.

121. J.P. Kenyon, *Stuart Constitution*, p.18.

122. Corinne Weston, Beginnings of the Classical Theory of the English Constitution, *Proceedings of the American Philosophical Society*, Vol.100, No.2(Apr.23, 1956), pp.133 - 144.

123. J.W. Allen, *English Political Thought 1603 - 1660,* p.407.

124. S. Gardiner, *The First Two Stuarts and the Puritan Revolution*, pp.120 - 121.

125. J.W. Allen, *English Political Thought 1603 - 1660,* pp.482 - 484.

126. C.C. Weston, *Subjects and Sovereigns*; J. W. Allen, *English Political Thought 1603 - 1660*.

127. [英]查尔斯·弗思:《克伦威尔传》,王觉非、左宜译,北京:商务印书馆,2002年,第70页。

128. Austin Woolrych, *Britain in Revolution: 1625 - 1660*.

129. J.P. Kenyon, *Stuart Constitution*, pp.239 - 242.

130. Keith Brown, *Kingdom or Province?* pp.81 - 82; Colin Kidd, *Union and Unionisms Political Thought in Scotland, 1500 - 2000*, London: Cambridge University Press, 2008, p.59.

131. Lotte Mulligan, Peace Negotiations, Politics and the Committee of Both Kingdoms, 1644－1646, *The Historical Journal*, Vol.12, No.1(1969), pp.3－22.

132. *Ibid*.

133. *Ibid*.

134. *Ibid*.

135. 关于苏格兰长老会“输出革命”的论述，参见 H.R. Trevor Roper, “Scotland and Puritan Revolution”, *The Crisis of the Seventeenth Century*, New York: Harper & Row, 1967, pp.368－376。

136. Allan Macinnes, *Union and Empire: the Making of the United Kingdom in 1707*, London: Cambridge University Press, 2007, p.70.

137. “庄严联盟与约法”是皮姆留给议会最后的政治遗产，参见 C.E. Wade, *John Pym*, London: Sir Isaac Pitman& Sons, 1912, p.301 以下。

138. Allan Macinnes, *Union and Empire: the Making of the United Kingdom in 1707*, p.74.

139. *Ibid*., pp.74－75.

140. *Ibid*., p.75.

141. H.R. Trevor Roper, *The Crisis of the Seventeenth Century,* p.362.

142. *Ibid*., p.363.

143. S. Terry, ed., *Cromwellian Union: Papers Relating to the Negotiations for an Incorporating Union between England and Scotland*, Edinburgh: Edinburgh University Press, 1902, p.21.

144. *Ibid*., p.30.

145. *Ibid*., pp.38－41.

146. *Ibid*., pp.41－42.

147. *Ibid*., p.42.

148. 1648年，议会军队军官普莱德(Pride)将同情国王的长老会派议员清除出长期议会，由此形成了所谓的残缺议会。1640年代的冲突是在国王与议会之间就政制问题展开，1650年代的冲突则主要在军队与议会之间展开。对议会来说，革命是政治与宗教问题，它并不关心救治社会的不平等，而对军队来说，革命是为了实现社会的平等。克伦威尔及其新模范军的兴起已经大大改变了英格兰革命的性质。参见 Blair Worden, *The Rump Parliament*, London: Cambridge University Press, 1977。

149. S. Terry, ed., *Cromwellian Union*, p.45.

150. 该法案的全称为《英格兰共和国就苏格兰联合与并入英格兰组成一个自由共和国的法案》(An Act of the Commonwealth of England for the Uniting and Incorporating of Scotland into one Free State and Commonwealth with England)。参见 S. Terry, ed., *Cromwellian Union*, p.48。

151. S. Terry, ed., *Cromwellian Union*, p.50.

152. S. Terry, ed., *Cromwellian Union*, p.74.

153. Allan Macinnes, *Union and Empire*, p.79.

154. 这些改革措施包括废除苏格兰原有的最高民事法院,代之以由英格兰法官和苏格兰法官共同组成的"司法委员会"。废除封建司法权,按英格兰的惯例建立和平绅士制度。降低司法费用,废除司法过程中使用的拉丁文,简化司法程序。参见 H.R. Trevor Roper, *The Crisis of the Seventeenth Century,* pp.385 - 406。

155. 特文·洛佩尤其强调苏格兰缺乏一个世俗的中坚阶层,由此导致了克伦威尔在苏格兰的法律与宗教改革在护国公体制失败后就奔溃了。而 1707 年英格兰与苏格兰议会联合的一大贡献便是为苏格兰带来了与英格兰的自由贸易,苏格兰参与到英格兰的贸易中在一代人的时间中就培育了一个新的独立的世俗阶层。在这个基础上,英格兰与苏格兰的联合才真正得以实现。H.R. Trevor Roper, *The Crisis of the Seventeenth Century,* p.400; p.406.

156. Brian Levack, *The Formation of the British State*, p.45.

第五章　议会主权的确立与1707年的议会联合

前一章讨论了17世纪英格兰与苏格兰进行的具有代表性的三次联合，分别是王室主导下的联合、“庄严联盟与约法”之下的联合以及克伦威尔的联合，并且分析了这三次联合之所以发生的原因以及其同不同时期下英格兰、苏格兰宪政体制之间的关系。

在接下来斯图亚特王朝复辟即查理二世统治时期，查理二世仍然进行了一次联合的尝试。1667年，主要为了解决由于《航海条例》的恢复对苏格兰经济造成的损害，在查理二世的建议下，两国派出谈判委员商讨经济上的联合。[1]然而经贸上的谈判从一开始便陷入僵局。以劳德戴尔为代表的苏格兰委员们要求取消《航海条例》对苏格兰的限制，允许苏格兰同英格兰及其殖民地进行自由贸易。英格兰方面则不愿对此做出让步。双方的经贸谈判无果而终。不过，经贸谈判的失败并未阻碍更进一步联合的进展。1670年，查理二世向议会提出建议，要求两国议会进行完全的联合。英格兰议会对于联合仍然毫无兴趣，相反，他们担心苏格兰会像爱尔兰一样成为英格兰的包袱。而苏格兰议会则完全掌握在查理二世的宠臣劳德戴尔的手中，对国王的提议言听计从，因而对国王的联合建议也没有任何反对意见。劳德戴尔的联合设想大体反映了1707年联合的总体框架：两国的联合包括议会层面的政治联合以及完全的自由贸易，但是两国各自的法律体系以及教会体制保持独立与不变。在议席分配上，联合仍然将遵循克伦威尔联合时的议席分配方案，即下院30名苏格兰议员，上院包括10名苏格兰贵族和2名主教。[2]经历了短暂的联合谈判之后，最终查理二世提出的这次联合仍然无疾而终。查理二世十分清楚在当时的处境下两国政治联合是一件不可能的事情，他仍然向议会提出议会联合的建议是为了掩饰他正在同法国进行的秘密谈判。[3]同法国的谈判完成之后，英格兰与苏格兰联合便不再有利用的价值。"一俟将多佛条约装入口袋，国王迅即抛弃了(英格兰与苏格兰联合)计划。"[4]

此后直到1688年的革命，复辟的斯图亚特王室在查理二世的稳步巩固之下，似乎又恢复了活力，并逐步地再次往绝对主义王权的方向发展。这一次依然如同40年代一样，王权的发展遭到议会的有力阻击；但不同于世纪中叶的是，这次革命不再以弑君和个人独裁体制的建立为结果，而是以英格兰传统的议会主权体制的恢复以及宪政秩序的建立为终结。并且，英格兰以此为基础，借助同苏格兰的联合以及海外殖民地的建立，在18世纪开创出一个伟大的帝国时代。在对这一段历史进程的记述中，为了自由而进行的宪政革命与帝国时代的开创是融为一体的。可以说，这是一个自由帝国的草创时代。在这个过程中，宪政革命及以英格兰与苏格兰联合为代表的宪政秩序逐渐走向稳定起着重要的作用。在议会与国王长达一个世纪的斗争中，随着光荣革命取得的胜利，英格兰议会所代表的哥特传统也最终获得胜利。王室主导下的不列颠帝国的构想也逐渐让位于由议会主导，并最终实现。

因此，接下来的这一章将考察复辟后斯图亚特王朝政治的发展及光荣革命的爆发同英格兰与苏格兰联合之间的关系。进而考察，在后革命时代里的议会主权宪政体制内，之前一个世纪中曾经经历几番波折的英格兰与苏格兰联合为何最终成为两国之间不二的选择。

第一节　光荣革命与议会主权的确立

在英格兰内战和大空位期的政治观念与政治实验落幕之后，1660 年斯图亚特王朝的复辟对于当时的人们来说是一大慰藉。经历了长久的动荡之后，查理二世拥有充足的理由认为邀请他回归的英格兰人民忠诚于王室，拥护王室权威的。

然而，王室权威的恢复远非轻易能够完成。虽然不列颠大部分民众都欢迎王室回归，但内战和克伦威尔统治的经历已经令英格兰要重建政治共识困难重重。尤其致命的是，政治观念又同宗教形态紧密缠绕在一起。在政治层面，大部分人都认同王在议会的主权观念，认为英格兰是一个混合君主制，国王应当同议会共同分享主权；而仍然有一些人认为，国王是绝对的主权者。不论议会主权论者还是神圣王权论者，都认为国王应当依法而治，但不同的是，神圣王权论者认为国王只对上帝负责，而无需对议会与人民负责。在宗教层面，独立派反对主教体制，反对安立甘宗的崇拜仪式，支持良心自由；长老会派接受复辟的王室以及主教体系，但坚持要对国教体系进行若干改革；国教派要求严格信从公祷书以及主教体制，不愿向独立派和长老会让步。国教派是王室权威的热情支持者，而独立派和长老会则要求以各种形式限制君主制。[5]

1660 年召回查理二世的“无君议会”（Convention Parliament）认为王室是王国政府不可或缺的一个部分：“依据英格兰王国古老与根本法律，政府由并且应当由国王、贵族院与平民院组成。”[6]按照议会的这份决议，1660 年的复辟就不仅仅是斯图亚特王室本身的复辟，而是英格兰的古老宪制王在议会（King-in-Parliament）即议会主权的复辟。这要求王权与议会之间能够融洽相处，尤其是政治与宗教上各个派系之间能够达成基本的共识。“复辟政权的合法性是建立在布雷德宣言(Declaration of Breda)取得的谅解之上以及 1641 年和 1642 年查理一世予以通过的立法之上的。”[7] 为了实现王室的回归，布雷德宣言要求对在内战与共和期间英格兰人的所作所为给予最大程度的宽恕，并在宗教上实现最大程度的信仰自由。[8] 然而，在王室复辟后，宣言所要求的或者激起了人们的反对或者完全无法兑现。[9]

经历了短暂的和谐之后，议会与王室在很快又为争夺主权权力而展开了斗争。首先，查理二世进一步加强王室的集权。无君议会召回了查理二世，但是并未规定对复辟后王室的限制，只是简单地规定宪政体制回归到内战前的状态。因此，王室复辟后，王室的许多特权已经随之复辟。内战和共和时期宪制上所有未得到国王认可的革新都被废除。查理二世像查理一世一样能够随意地解散议会或者让议会休会，可以在任何地方召集议会，并有权否决议会的法案。不过，长期议会废除的星室法院以及高等教务法院等王室特权法院没能恢复，而且国王也没有权力在紧急时期越过议会征收税款。复辟早期议会所通过的立法也旨在进一步加强王室的权力。1661 年和 1662 年通过的军事法授予国王称为全国军队的唯一最高指挥官。而《市镇法人法》和《统一信仰法》要求市镇官员、教士和教师宣誓不得反抗国王，加强了不抵抗与被动服从理论的力量。[10] 1664 年，1641 年通过的《三年法案》被废除了。[11] 这样，议会独立地位的基础就受到了根本的侵害。因此，只要查理二世拥有足够的财政支持，他就能够在英格兰重建王权的绝对统治。[12]

王室的弱点在于它缺钱。只要国王不再像世纪前叶征收船税时那样拥有越过议会征税的权力，对国王财政权力的掌控就足以保证议会的独立性。因此，复辟的王室也并非像保王派理论家们鼓吹的那样绝对与神圣。王室权力因为缺乏足够的财政能力而受到损害。1660

年，无君议会看似慷慨授予国王 120 万镑的拨款。这笔拨款是查理一世时期的两倍。但是，在查理二世时，仍有三分之一的缺口，难以满足日常行政所需。[13]

要使自己从议会的控制中解脱出来，要么借助于外部的资助，例如法国国王的资助，这是查理二世在 1681 年后所做的，要么就必须控制选区，产生一个顺服的议会，以达到控制议会的目的。然而，经历了四五十年代的政治混乱与政治实验之后，王室已经很难自上而下地控制各个选区。[14]

然而，国王与议会的之间交锋并未在财政问题而是在宗教问题上直接展开。国王一方面通过特免权的行使，赦免对部分天主教徒的惩罚，另一方面试图分别在 1662 年和 1672 年通过《信教自由令》(Declaration of Indulgence)宽容天主教徒。而议会则在 1673 年和 1678 年通过《宗教考验法》(Test Act)将天主教徒排除在公职与议会之外。

到 1670 年代中期，查理二世的一些政策令形势更加糟糕。国王的《信教自由令》、在英荷战争中与法国的联盟、天主教徒继承英格兰王位的可能性以及王室试图建立一支常备军颠覆议会的独立地位，这些都似乎证实了天主教和专制政府对英格兰政制所具有的危害。对新教徒来说，复辟的王室便倾向天主教并有专制倾向。更糟糕的是，政治与宗教上的分歧与紧张再次出现。在议会内，基础广泛的乡村派开始重新出现，其中包括长老会派也包括不得志的前朝阁老。这些人得以团结在一起的基础是他们共同关心新教的命运以及英格兰人的自由。此外，反对派已经开始改善自身组织，在议会开会之前及开会期间在议会中施加压力，改变王室的政策。[15]新教徒们的担忧由于已经在 1673 年公开改宗天主教的约克公爵有可能继承英格兰王位而加剧。而 1673 年查理二世将沙夫茨伯里解职则将一位天才的政治家推向了反对派的阵营，使后者在生命的最后十年间成为新教殉道者，在英格兰的历史上彪炳千秋。[16]

排除危机无疑是查理二世遭遇到的最大危机。然而，查理二世成功地挫败了沙夫茨伯里领导的排除危机，并有力地巩固了王室的地位，甚至使英格兰人在1685年信服地接受天主教徒约克公爵为自己的国王。"天主教阴谋"使人们疑问，要是国王被谋杀了，天主教徒将会继承王位，那么还有什么能保证新教的自由呢？天主教阴谋产生的这些疑问直接导致了辉格派运动，试图将约克公爵排除出王位继承人序列。辉格党人声称，天主教国王将迫害新教徒，推翻法治，推翻议会，通过常备军统治国家，因此，天主教国王对新教徒的生命、自由和财产都是威胁。人民的利益要求将天主教继承人排除在外。不论从历史还是自然法方面，辉格党人都认为人民有权利也有能力将约克公爵排除在王位继承人之外。1679年到1681年的三届英格兰议会中辉格党人都占据优势，他们提出了排除法案，要求将天主教继承人排除出王位继承序列。他们同事也公开敌视查理二世的政策。为了向查理二世施压，他们发动了广泛的舆论攻势，试图说服公众相信天主教继承人的危险，说服人们支持辉格党。他们甚至发动民众举行大规模的抗议与请愿，以期使议会中的反对派同地方上的抗议联合在一起。在1678到90年期间，1641年的情景似乎又将再现。[17]

在排除危机期间，王室政府陷入了最严重的危机中。查理二世很难有效地统治三个王国，很难推行自己的政策，很难征税，很难对在教会与国家中的政敌实行法律。此外，如果他不能很好地掌控局势，他的臣民将揭竿而起反对他。然而，查理二世成功地克服了王室遭遇的最严重危机。他成功地应对了辉格党人的挑战，并重建了王室的权威。因此，查理二世应对排除危机并重建王权的办法对于理解詹姆斯二世的垮台、革命的爆发都是异常重要的。

在复辟的前20年，查理二世曾经利用各个政治与宗教派系之间的分歧，使他们相互斗争，以期使王室的统治更加有力。但这并不凑效。从1681年起，他改变了策略。国王直接同代表托利党人和国教派利益的派系联合，极力赢得民心。因此，在1680年代，王室的权威得以复兴。查理二世和他的托利党盟友审慎地诉诸议会之外的民意，使辉格党人失去合法地位，并在民众中失去广泛的支持。托利党人明确地捍卫王室的地位，捍卫传统宪制、法治以及国教会的地位，反对共和派和非国教徒组成的联盟，反对他们对既有的宗教与政治体制进行激进与颠覆性的变革。除了在意识形态上针对辉格党人展开斗争之外，托利党人还鼓励公众举行支持王室的演说与抗议，试图以此表明，辉格党人并不能代表人民的声音。查理二世与托利党人的这项策略取得了相当的成功。他们的策略虽然没有使所有人都转变为王室的支持者，但却赢得了大量的王室同情者以及摇摆的中间派。[18]

托利党人并非天主教和专制政府的朋友，事实上，他们和大部分英国新教徒一样强烈地反对天主教和专制统治。然而，他们回想起，1641年当皮姆和议会反对派激起人们反对天主教和专制统治时，导致的结果不仅是内战，同时接下来还有教会被推翻、国王被处决、专断的共和派依靠常备军支持的准军事统治。因此，托利党人认为，辉格党人所追求的目的同样威胁到了新教君主制的安全，威胁到了国教会的安全，和天主教的统治没有什么两样。辉格党人试图把英格兰重新带回内战和共和时期的泥沼之中。对托利党人而言，要打败天主教和专制统治的威胁就必须首先打败辉格党人的挑战。[19]

事实上，这些托利党人在精神气质上类似于1629年的议会派。因此，他们能够同王权形成联盟。依靠同托利党人的稳固联盟，查理二世巩固了王权，摆脱了排除危机。但是尽管查理二世借助托利党的力量巩固了王室的地位，但王室本身再无法成为不受约束的绝对主义王权。王权本身成为党派的猎物。因此，事实上至少在英格兰，王权再也没有机会成为绝对主义王权。保王派理论家们确实不断地将王室描述成绝对王权，坚持认为国王并不与议会分享主权，王权不可抵抗。但是，在托利党人内部，同样也强调国王必须遵循法治。

查理二世巩固王权是将自己同托利党联系起来，但詹姆斯二世却没有这样做，从根本上，这就导致了他的失败。詹姆斯二世的失败就在于他没能意识到王室的力量事实上在很大程度上必须建立在王室与托利-国教派联合的基础之上。詹姆斯仍然坚信自己的权力是不受约束的，他违反议会法律，制定了旨在促进天主教徒利益的政策。詹姆斯二世建立了一支常备军，给予天主教徒特免权，使他们不受议会通过的《宗教考验法》的考验，能够担任官职，并进而中止了所有针对天主教徒的禁止性法律，打破了安立甘宗国教徒对神职、教育以及官职的垄断，并建立起了教务委员会（Ecclesiastical Commission）以钳制国教会。[20]詹姆斯二世的这些举措在民众看来无疑将英格兰王室往绝对主义方向引导，试图在英格兰建立绝对主义君主制。

然而，詹姆斯建立绝对君主制的这些措施也激起了排除危机时期王室支持者们的反对，因而，王室就散失了他们的支持。并且，在那些从詹姆斯的天主教政策中获利的人中，詹姆斯二世也没能获得充分的支持。[21]

如果说在英格兰复辟表现为王室权力的不断加强，并在一定程度上往天主教绝对主义王权的方向发展，那么它在苏格兰则一方面在政治上表现为王权的复辟，国王对苏格兰的统治通过国王在苏格兰的代表以及枢密院进行统治，另一方面在宗教上表现为主教体制的复兴以及压制长老会教会的血腥压迫。王权在苏格兰复辟得更加彻底。在英格兰，王权至少仍然受到议会及宪制传统的约束，而在苏格兰，王权复辟后这些限制都是不存在的。查理二世受到的唯一限制也许就是曾经同长老会签订的约法。[22]1661年复辟后的苏格兰议会废除了

1633年以来苏格兰议会通过的所有立法，这就为主教制的复辟以及立法委员会的复辟铺平了道路。通过国王代理人，国王能够完全控制教会、议会枢密院和司法体系。[23]复辟在苏格兰遭遇更大争议的是在宗教事务方面。苏格兰长期以来一直都被长老会与主教制之间的宗教-政治分歧撕裂着。17世纪三四十年代的苏格兰革命激烈地变革了苏格兰的宗教与政治体制，推翻了主教制并剥夺了王室特权。长老会取得的这些革命成果通过1638年的"民族约法"和1643年的"庄严联盟与约法"得以巩固。然而，仍然有许多长老会教徒事实上并不希望完全推翻查理一世，他们的理想并非推翻王权，而是要求一个遵守约法的国王。除了长老会之外，苏格兰还有许多王权支持者，他们谴责长老会教徒推翻了主教制。他们希望能够重建主教制，只有由主教掌控的教会才能保证王室的权威。然而，问题是在苏格兰并不像在英格兰一样在地方上存在支持主教体制的选民。[24]因此王室复辟在苏格兰唯一能做的就是推翻长老会革命所取得的一切成果，将政治时钟拨回到1633年查理一世加冕之时。伴随主教制复辟的是对长老会教徒的严厉惩罚。苏格兰的长老会教徒参加非法宗教集会不仅面临着罚款的处罚，有时还会被处死。[25]复辟政权对长老会的严厉措施遭致的是长老会极端派的反叛。[26]

1688年6月30日，七位英格兰贵族[27]签署了邀请威廉入主英格兰的邀请信。信中指出，"人民普遍地"对政府在宗教、自由和财产上的所作所为感到不满，人民在宗教、自由和财产上的权利都受到了侵犯。二十个人当中就有十九个人渴望变革，并且时刻准备着反抗政府。七位贵族在邀请信中写道："毫无疑问，大部分的贵族与士绅都感到极为不满，并且他们中最重要的那些人物"在威廉登陆时将施以援手。[28]

带着这封邀请信，威廉不久登陆英格兰。詹姆斯二世并未做丝毫抵抗就仓皇出逃法国。1688年12月18日，威廉入主伦敦城。随着第二年“无君议会”(Convention Parliament)的召开，宪政体制的革命拉开帷幕。

传统上，洛克《政府论》中的社会理论成为辉格派解释这场革命的代表性理论。辉格派们普遍认为，政府在1688年就已经解体了，因此人民能够自由地建立一个如其所愿的政府。然而辉格派对这场革命的解释并非这场革命的全部。[29]除却辉格派理论家们对这场革命的渲染不论外，这场革命得以成功更多地是托利党同辉格党妥协的结果。

1689年1月28日，议会下院做出决议：“兹决议如下：国王詹姆斯二世在耶稣会士和邪恶之人的引诱下，一直以来都试图通过破坏国王与人民之间的原初契约(original contract)，推翻王国的宪制，违背根本性的法律。因此他已经弃位(abdicated)，并且王位因而而空缺(vacant)。”[30]

下院这份重要决议的措施引起了上院中托利党人的争论与质疑。质疑主要集中在三点：原初契约、弃位和王位空缺。托利党人认为历史上从未存在过所谓原初契约，原初契约只是辉格党人的修辞与想象。托利党人认为，“弃位”一词含有剥夺王位的含义，应当改换成“抛弃”(desert)。最后，根据托利党人王位继承权不可侵犯的原则，王位并未出现空缺，王位仍然应当属于詹姆斯二世所有。[31]在辉格党人在两院中占优势的情况下，下院提交的这份决议最终获得了两院的通过。

同这次讨论密切关联的是议会之后关于王位安排的讨论。按照辉格党人的观念，辉格党可以不顾王位继承权的要求，将王位直接交由威廉。[32]下院这样做导致的后果就是直接否认了严格意义上的王位继承权，开了由议会拥立国王的先河。这无疑是对议会中托利党人原则的挑战。按照托利党人的原则，王位继承权是神圣的，因此，王位并没有空缺，对于王位安排，他们提出了由威廉摄政的要求。[33]在这种僵局下，最后由丹比伯爵提出将威廉和玛丽共同宣布为国王和女王，由他们联合执政。王位的安排无疑是辉格党同托利党的一次妥协。

议会关于詹姆斯出逃后政治体制的决议以及关于王位安排的争论都说明，这次革命不可能是辉格党一方大获全胜的成果，相反它只能是辉格党与托利党相互妥协的结果。威廉登陆英格兰使英格兰避免了再次走向内战的深远，因而保卫了英格兰的王权，使其免遭已经空前发展的革命气氛可能最终导致的革命的伤害。在1688年革命的气氛已经相当浓烈，全国官员以及军中人士都有许多不满与焦躁不安，全国也爆发了许多次的反天主教暴乱以及抗议。英格兰已经处在革命的边缘。威廉的到来就阻止了这样一次全国性的革命，而使之变成一场保守的宪政革命，因而挽救了王权，同时也挽救了英格兰整个宪政体制。尽管辉格党人与托利党人对于革命都有不同理解，不过"他们都一致认为，议会应当成为统治阶层意见得以最佳表达的舞台。"[34]

因此，从这点上说，威廉的登陆又确实带来了英格兰政制上的一次革新，这就是议会主权的最终实现。英格兰议会以回归"古老宪制"的名义抛弃了绝对王权，确立了传统的"王在议会"的议会主权体制，建立了君主立宪体制。法律并非国王个人意志的体现，而是来自共同体的一致同意，共同体是人类立法权的来源。英格兰的政府是"混合君主制"，立法者是国王与议会两院共同构成的整体。虽然国王在立法中的作用是不可忽视的，但国王并非唯一的立法者。"国王并非唯一的立法者，就像全能的上帝对于它的造物一样，整个王国也和国王一样分享着立法权。"因此，国王仅仅作为立法权中的一部分，无权废除议会(King in Parliament)所通过的法律。正如《权利宣言》第一条[35]对国王特免权的谴责那样，国王不得非法地行使特免权。特免权只有得到完整地拥有立法权的立法者许可才能行使。因此，国王的行使特免权的前提条件是得到议会的批准与控制。[36]

光荣革命在宪制上的成果集中体现在《权力宣言》和《权利法案》之中。《权利法案》将《权利宣言》中的大部分条文变成了法律，它限制了许多重要的王室特权，奠定了议会主权的基础。[37]虽然王室特权在革命后很长一段时期内仍然是人们争论的焦点，至少在威廉统治时期如此。但是，根据《权利法案》的要求，国王在未得到议会许可不得任意行使特免权和中止法律的权力(suspending and dispensing powers)，并且国王在和平时期未得到议会许可不得保有军队，而司法必须独立于国王。《权利法案》确定了以议会为代表的共同体为中心的(community-centered)政治理论，它最终取代了以国王为国家最高主权者的神圣王权理论。[38]它成为议会主权的法律基础，奠定了此后英国的宪制基础，为此后托利党与辉格党之间的政党政治提供了政制基础。"王室再也无法主张高于法律的权力或者利用法律的模糊之处来提升王室的权威。《权利法案》从法律上对一系列争论做出了澄清，此后王室再也不可能利用这些问题来主张绝对主义王权。"[39]

在议会与国王为主权而展开的长达一个世纪的斗争中，议会最终取得了决定性的胜利。"议会拥立了一位国王，确定了其权限，并为其最高权威设定了范围。议会赢得了为主权而进行的斗争。但是，在议会取得这辉煌胜利的时刻，它的胜利果实却被包裹在历史悠久的古老宪制的语言之下，仿佛它确实理当如此似的。"[40]

如果说在英格兰光荣革命是一场通过辉格党和托利党的妥协而完成的保守革命，那么它在苏格兰导致的后果就要更加激进得多。[41]"一般认为，在英格兰革命之父们关心的是1680年代(尤其是詹姆斯二世统治时期)对法治的破坏；而在苏格兰，革命等同于将1660年复辟之后的宗教与政治体制全部推翻。或者可以说的更加直白一下：在英格兰革命试图恢复合法的体制，而在苏格兰，革命却旨在推翻体制。"[42]在苏格兰，只存在激进的领导革命的辉格党与长老会，以及站在革命对立面的詹姆斯党人（Jacobites），而缺乏一股基础广泛的中间力量——这个力量在英格兰体现为宗教上坚持国教、政治上坚持"古老宪制"的团体。

在英格兰，光荣革命可以被看做是英格兰古老的议会传统在面对新兴的绝对王权时取得的胜利。而苏格兰本身缺乏议会的传统，因此，在面对1688年既是英格兰国王也是苏格兰国王的詹姆斯出逃这样的事件时，苏格兰所能做的只有从英格兰输入革命。[43]这就是1689－90年苏格兰辉格党人和长老会主导下的革命。在苏格兰，辉格党几乎成了革命唯一的领导者，詹姆斯被认为由于推行专断与独裁政府而被剥夺了（forfeited）王位，而不是弃位（abdicated）。在1689－90年革命中，苏格兰对宪制与宗教体制都进行了真正革命性的改革。王室的权力则像在1640－41年约法革命期间那样受到制约与限制，而在苏格兰政治体制中一向无足轻重的议会的权力由于王室权威的衰落而再次得到主张，并由于立法委员会的废除而获得独立的地位。或者说，通过革命，苏格兰议会第一次获得了某种意义上的主权者地位。对于此后两国关系的发展以及1707年两国最终的联合都发挥了至关重要的作用。

苏格兰的革命成果体现在1689年苏格兰召开的"无君议会"（Convention Parliament）通过的《权利声明》（Claim of Rights）与《冤情陈述》（Articles of Grievances）。这两份宪法性文件奠定了苏格兰革命的宪制基础。《权利声明》规定了一系列重要的宪政原则，包括罗马天主教徒不得继承王位、不得担任公职；议会应当经常性召开并享有言论与论辩自由；人民有权向国王与议会请愿。王室特权不能逾越法律，并且主教制是"对苏格兰民族最严重的伤害，有悖于自宗教改革以来苏格兰人民形成的善良情感，因此应当被废除”。[44]《权利声明》还确立了苏格兰王权的契约性质，它认为詹姆斯七世没有遵守法律所要求的誓言，侵犯了苏格兰王国的根本宪制，并且将王权从受法律限制的有限君主变成了专制独裁的王权，因此詹姆斯七世便被剥夺了王权。[45]《冤情陈述》要求废除王室借以控制议会的立法委员会，并在1690年被废除。根据《权利声明》和《冤情陈述》，苏格兰将王位联合授予威廉和玛丽。

政治主权从王室宫廷转向议会之后，相应地掌握政治决策的关键从取得国王的宠信变成如何更好地控制议会。1694年《三年法案》重新通过后，议会的召开变得频繁而有规律。对议会的控制实质上也转变成对选区的控制。而辉格与托利两党两党对选区的控制往往通过贿赂、资助和公共舆论等手段完成的。而其中公共舆论在整个政治体系中发挥的作用也越来越重要，在一定程度上成为法律背后人民的声音。[46]而这些全部的政治过程都是在1689年确立的法治与宪政体制内展开。

革命对于两国的联合产生了一个重要的影响。在革命之前，联合都是由王室提出并主导，而遭到议会的反对，关于两国联合的斗争是在王室与议会之间展开。这也是17世纪中英苏联合同宪政体制变革之间联系密切的原因之一。在光荣革命之后，两国联合已经成为议会主导下的事务，而斗争则在另外一个层面上展开，即议会中存在的不同党派。“在此之前，王室一直都是两国之间的主要联系，但是，革命之后，议会以及政党的态度逐渐变得重要起来。英国革命引入了立宪君主制……这意味着在英格兰与苏格兰之间的关系之中引入了一个新的因素——英格兰与苏格兰的各个政党。”[47]革命开创了议会主权的时代，在这个时代里，议会中的政党成为政治舞台上的主角。政党同议会主权体制一样，都是理解1707年两国联合过程的重要背景。

革命后议会主权体制实质上将国王的神圣权力逐渐地变成了议会的神圣权力。然而这是一个长久漫长的过程，绝非光荣革命本身能够一蹴而就完成的。[48]在这个过程中，激进辉格派的契约-议会主权理论与托利党人不抵抗理论相互妥协与融合。[49]这个妥协过程表现为：一方面，托利党人放弃坚持君主神圣继承权，但坚持主权是最高权威不可抵抗；另一方面，辉格党人则坚持议会是最高主权，并放弃抵抗权。这两方面的融合就导致双方在议会主权这点上达成共识，共尊议会为最高主权机关，而至于谁能真正控制议会又另当别论。1707 年英格兰与苏格兰的联合对于后革命时代议会主权的巩固起到了重要的作用。

在革命期间，苏格兰也提出了一些两国联合的构想。革命期间提出的联合设想本质上只是当时人们应对危机而产生的一些权宜之计。曾参与过复辟期间 1670 年联合谈判的特文戴尔侯爵（Marquess of Tweeddale）认为两国的联合是限制苏格兰极端派暴力行径的最好方法，它有助于实现一个审慎的政治与宗教安排。同时，威廉的一些大臣也强烈建议两国联合。他们认为联合能够阻止更加激进的改革。詹姆斯党人倡议两国的联合是为了阻碍与拖延苏格兰宪制的稳定，阻止苏格兰议会将威廉确立为国王。前朝的大臣们将联合视为自己和前朝划清干系的手段，同时也能借此保持自己的政治实力。安德鲁·弗莱切认为，只要两国的议会与贸易的联合就足以矫正此前两国之间不公正的关系。出于各种原因，这些苏格兰贵族都提倡两国的联合，他们认为联合对于两国国家而言是互惠互利的。威廉同意并敦促苏格兰等级会议向英格兰议会提交一份能让苏格兰接受的联合条款，并保证将尽其所能促成联合。而苏格兰等级会议也认为威廉有能力说服英格兰议会接受苏格兰人联合的倡议。1689 年 4 月，苏格兰等级会议任命了将进行联合谈判的委员，不过苏格兰人设想的联合谈判并未进行。[50]苏格兰等级会议认为,苏格兰与英格兰共同拥立一位国王,因此这两国国家"可以成为统一的政治体,成为共同拥有一个议会的国家"。苏格兰等级会议授权这些委员全权,以实现"两国完全与永久的联合"。贸易、议会体制以及税收问题将会是谈判有可能涉及的重要问题。

1690年,威廉向英格兰议会提出英格兰与苏格兰联合的计划,但是由于英格兰议会对两国的联合没有丝毫的兴趣,苏格兰人设想的谈判无从谈起。在威廉此后的统治时期内,联合的问题都不再是令人感兴趣的议题。威廉认为联合是一个值得尝试的计划,但他并不准备花足够多的经历与时间保证它得以实现。在革命期间,联合的努力虽然没能获得成功,但它并非毫无意义。在此期间,两国都有人表达了两国不应当错失革命这一良机以彻底解决两国之间关系的想法。约翰·克拉克认为,革命提供给苏格兰从未有过的绝好机会以实现同英格兰的联合。苏格兰人过于草率地将王位授予威廉和玛丽了。一旦王位继承问题确定了,关于联合的所有讨论也就终结了。要是苏格兰人能更加审慎地授予威廉和玛丽王位,苏格兰人能够从英格兰人那获得更加有利的联合条件。[51]

第二节　达里安计划与英-苏关系的危机

通过光荣革命对苏格兰的影响,苏格兰议会变得更加独立。苏格兰议会获得主权性的独立地位导致的后果是,尽管英格兰大臣仍然试图通过国王而影响苏格兰的政策,但苏格兰在经济与王位继承上能够采取同英格兰截然不同的道路。其中苏格兰人的非洲公司及达里安计划以及王位继承问题都在两国关系中造成了危机。通过达里安计划,苏格兰人试图在经济上摆脱英格兰人的限制,而当再次出现王位继承权问题时，独立的苏格兰议会有权决定将王位授予给议会认为合适的人选。如果苏格兰人选择不同于英格兰国王的人成为苏格兰国王，那么两国持续百年王室的联合就破裂了，而一旦失去王权这一联系纽带，苏格兰将成为英格兰的敌人。英格兰必须对此做出抉择：是通过议会的联合并确定王位继承权，使苏格兰成为不列颠国家的一部分，还是让苏格兰议会独立地选择继承王位之人，并成为自己的敌人？这些便是革命后英格兰在处理苏格兰问题上必须面对的困难。

到威廉统治的末期，王室联合会带来许多的问题与利益冲突迫使威廉推动两国的议会联合。王室联合导致的问题一部分是由于光荣革命已经将权力平衡从王室转移给了议会。议会中取代立法委员会的各个专门委员会不再轻易地被王室影响与控制。[52] 1690年代苏格兰政治中政党体系的发展，出现了苏格兰的乡村党，他们倡导爱国主义，支持宪制改革，主张议会主权。苏格兰与日俱增的不满以及促使乡村党产生的主要因素都是由于苏格兰人逐渐意识到他们从王室联合中所得到的远远少于所遭受的损失。[53]苏格兰人最主要的抱怨是贸易与商业上遭受的损失。苏格兰人认为，在王室联合下，苏格兰工商业都在不断地衰退。“由于我们在法国享有许多特权，我们同法国的贸易曾经一度占据优势；我们同西班牙的商业往来也相当可观……在荷兰完全掌控波罗的海地区的航运业务之前，我们在该地区的渔业方面也开展了巨大的贸易。然而，王室联合之后，不仅所有这些贸易都开始衰落，而且我们的钱都被花在英格兰身上，而非我们自己身上；各种家具饰品以及最精美的服饰和首饰都要从伦敦购买，并且尽管有个别苏格兰人在宫廷中享有高位，引起英格兰人极大的不满，然而，他们并未对苏格兰国家带来什么好处。苏格兰就像一块由仆人耕种的田地，不受主人待见，几乎完全被忽视了。”[54]

可以说，英格兰与苏格兰之间商业贸易上的分歧长久以来就存在，但在革命之后又被激化了。由于威廉同法国之间长久的战争，苏格兰的贸易受到了严重的打击。法国曾经是苏格兰最大的市场。毫无防护措施的苏格兰商船很容易就被敌国的海盗掠夺。英格兰的航海法令又将苏格兰颇有竞争力的船只排除在海运业务之外，并且禁止将殖民地的产品直接进口进苏格兰。皇家海军严格执行航海法令，令苏格兰商人没有空子可钻。英格兰的关税立法威胁到了苏格兰的牲畜和亚麻产品的生存，因为，英格兰是这些商品的主要市场。此外，令苏格兰经济雪上加霜的是，欧洲大陆也针对苏格兰出口的产品施加高昂的关税。[55]

通过光荣革命，苏格兰议会已经从 17 世纪宗教和政治的纷争中解放出来，首先就致力于解决苏格兰衰弱的经济与工业水平。革命期间，苏格兰议会提出的联合倡议其意图首先就是要调整与英格兰的关系。而在英格兰拒绝苏格兰的建议之后，苏格兰议会开始通过制定法律鼓励本国工业发展，繁荣对外贸易。在同英格兰进行商业上合作的要求被拒绝后，苏格兰唯一能做的就是同英格兰展开竞争。苏格兰议会希望能够自主地通过议会立法来改善苏格兰的商业，促进苏格兰的利益。苏格兰议会能够通过法案授权苏格兰商人在殖民地以及欧洲大陆市场上同英格兰商人展开竞争。1693 年，苏格兰议会通过了《外贸促进法案》(an Act for the encouragement of foreign trade)。它授予印度和地中海的苏格兰商人在贸易方面的全部特权。它指出，同英格兰人竞争是解决苏格兰经济困境的好办法。在其他方面，苏格兰议会也制定了许多法律，提出了一些旨在促进苏格兰工商业发展的措施，例如鼓励渔业与制造业，鼓励出口，在一定事端内限制布匹和丝绸的进口等等。[56]

苏格兰人在商贸上的冒险最著名的是苏格兰人的非洲公司以及威廉·佩特森(William Paterson)的达里安(Darien)计划。1695 年，依照苏格兰议会的法案，苏格兰人成立了“苏格兰非洲与印度公司”(Company trading to Africa and the Indies)。公司垄断了苏格兰同非洲、亚洲和美洲的贸易，并且有权签订条约、建立殖民地以及在苏格兰、英格兰及欧洲大陆募集资本。因此，“它不仅是一个商业性的组织，更是一个在议会控制下进行帝国扩张的工具。”[57]在佩特森的构想中，如果公司能顺利发展，它完全由可能成为苏格兰人的“东印度公司”。这家公司的第一项计划就是试图在中美洲的达里安地区建立一个苏格兰人的殖民地，并利用其优越的地理位置垄断美洲与欧洲的贸易。

起初，苏格兰人、英格兰人、荷兰人以及汉萨同盟的商人们认购了这家公司涉及。英格兰东印度公司强烈地反对苏格兰人的达里安计划，公司的下院议员向威廉国王强烈抗议苏格兰议会的做法。他们认为，“苏格兰议会授予该公司的特权会使英格兰懂印度公司的贸易向苏格兰港口转移，苏格兰会成为美洲商品的自由港口，并向大陆抛售英格兰的商品。……美洲贸易很有可能会落入苏格兰商人的手中，这对英格兰商人与殖民地将是致命打击。”[58]威廉离不开议会的支持，因此不能违背英格兰议会的意愿。英格兰议会中代表东印度公司利益的议员迫使英格兰以及大陆投资者收回投入到苏格兰非洲公司中的资本。之后，这项事业就成为单纯苏格兰人的冒险。由于英格兰以及大陆投资者的撤资，苏格兰只能倾尽全国之力进行这项冒险。[59]

同时，当西班牙军队进攻苏格兰人的达里安殖民地时，威廉也没有派出军队支持苏格兰人，并禁止英格兰人的殖民地对苏格兰人伸出援手。威廉这样做是出于外交政策上的考虑。由于西班牙王位继承问题在即，威廉需要西班牙人在他同法国的斗争中支持自己，他丝毫不能触怒西班牙人。威廉只能抛弃了苏格兰人的计划。因此，苏格兰的殖民事业就由于英格兰的商业利益以及威廉自身的外交政策而被牺牲掉了。

达里安计划旨在复兴苏格兰的经济，提供苏格兰经济增长的动力，并有机会使苏格兰的经济摆脱英格兰获得独立。由于苏格兰达里安计划的失败，英格兰与苏格兰之间的关系达到了最低点。达里安计划的失败使苏格兰经济遭受重大损失，它加剧了苏格兰经济的恶化，并使苏格兰更加依赖英格兰本土与殖民地市场。在苏格兰人看来，威廉与英格兰要为苏格兰人的失败负责。达里安计划的失败证明威廉为了英格兰人的利益而牺牲苏格兰人的利益。达里安事件对两国之间的关系造成了不可愈合的裂痕。苏格兰议会以及民意将怒火发泄到威廉国王身上。威廉国王几乎就像詹姆斯二世一样不受人欢迎，苏格兰人甚至威胁不再拥戴威廉为国王，并终止王室的联合。苏格兰议会向威廉发出了一份措辞严厉的致辞，要求国王日后不得再损害苏格兰、非洲公司以及其他任何商贸计划，保护非洲公司正当的权利与特权，并赔偿其损失。[60]更加严重的是，法国国王路易十四时刻都在关注着苏格兰人对威廉的不满，并试图加以利用，扶持詹姆斯复辟。[61]

正是在由于达里安事件造成严重危机的背景下，到威廉统治末期，两国议会联合又被重新带回议事日程。1700 年，威廉再次向英格兰上议院推荐两国的联合，以避免日后再次产生像达里安事件这样的利益冲突。上议院同意了威廉的建议，将其递交给下议院。然而，议会下院没拒绝了威廉的建议。[62]下院中占多数的托利党人对联合没有丝毫的好感，他们认为联合是辉格党为了转移国内政治危机的手段。托利党人正在努力清除议会中的辉格党财政官员，他们怀疑联合的动机是为了用苏格兰人取代被解职的官员。在上院中，辉格党人占多数，托利党人也竭力破坏联合的建议。[63]

没等威廉看到他的联合建议被执行，他就去世了。达里安计划的失败并非革命后两国关系恶化的结束，而仅仅只是一个开始。革命后两国不断产生危机的根本原因在于，国王以及英格兰的大臣已经无法控制独立自主的苏格兰议会，导致英格兰议会与苏格兰议会经常性地发生龃龉，并由此产生两国关系的危机。除了军事征服，议会的联合是革命后英格兰议会能够控制并消灭苏格兰议会的唯一举措。[64]这也是议会主权的题中之义。[65]

安妮女王时期的英国经常被称作"奥古斯都时代的英国"。然而，安妮女王继位时的欧洲却是一个危机四伏的欧洲。1700年西班牙哈布斯堡王朝君主查理二世无嗣而终。两位王位竞争者分别是路易十四的孙子和后来的神圣罗马帝国皇帝查理六世。为了保持欧洲的均势，威廉曾经同路易十四签订条约，在不同的继承人之间分割西班牙帝国。然而，查理二世不愿将帝国分割，而是将它完整地交给路易十四的孙子。路易十四欣然接受，丝毫不在乎此前同威廉的条约。[66]1701年，所谓的"西班牙王位继承战争"便在英格兰、奥地利与荷兰为一方以及法国与西班牙为另一方之间爆发。这场战争原本可以同苏格兰并无多大关系。然而，1701年，路易十四公开宣布承认詹姆斯三世为英格兰国王，并承诺为苏格兰的詹姆斯党人提供军事与资金的支持，扶持詹姆斯复辟。英格兰能够联合、借道荷兰登陆欧洲，那么法国也完全有可能联合苏格兰，登陆不列颠岛。这就使得苏格兰成为英格兰反对法国这一大战略中重要的一环。

安妮女王继位即向英格兰议会提出两国议会联合的建议。安妮女王信奉安立甘宗国教，并且比起威廉，作为詹姆斯二世的女儿，她的继位更加符合托利党人王位继承权神圣的观念，而安妮女王本人也更倾向选择从托利党人中选择大臣。和威廉时期一样，托利党人依然反对对法战争，反对常备军，反对同苏格兰的联合。尽管如此，议会中的辉格党多数仍然任命了进行联合谈判的委员。

安妮继位时苏格兰的政治情况更加复杂。在苏格兰大致存在三个政党或派系，分别是宫廷党、乡村党和詹姆斯党（Jacobites）。和在英格兰一样,苏格兰的宫廷党支持王室政府,包括大部分的政府官员。在原则上,他们是辉格党人,坚持光荣革命在教会与国家方面的各项原则。但是,实际上,他们又只能听命于伦敦宫廷,唯宫廷马首是瞻。在王室联合下,苏格兰的大臣只是身在英格兰的国王的奴仆,而国王又常常受英格兰大臣的影响。因此,宫廷党就包括议会中支持王室官员的议员。[67] 1702 年,宫廷党的领袖是昆斯伯里公爵(duke of Queensberry)。乡村党由汉密尔顿公爵和弗莱切(Flethcher of Saltoun)。乡村党人希望振兴苏格兰的实业来恢复国家的实力,他们反对宫廷党人听命于英格兰的政策,希望废除英格兰控制苏格兰的政府体系。他们的政策是要么迫使英格兰给予苏格兰真正的自治并参与殖民地贸易的权利,要么接受苏格兰的独立。[68] 詹姆斯党由全部支持詹姆斯的人组成。“这个团体虽然颇有影响,但几乎难以被当成严格的政党,因为它只不过是由一群形形色色的、对光荣革命的诸多原则心怀不满的人组成的。他们时刻准备着一旦机会允许就在苏格兰通过武力实现王位觊觎者(Pretender)的复辟。”[69] 达里安计划的失败造成苏格兰反对国王、反对英格兰的情绪高涨,这对宫廷党是一个致命的打击。而詹姆斯党人在反对既有政府以及要求苏格兰同英格兰进行自由贸易方面是同乡村党人一致的。这两点使得乡村党有可能同詹姆斯党人联合,而在议会中取得多数。[70]

安妮继位后,汉密尔顿看到苏格兰民意反对宫廷党,希望进行新的议会选举,以期在议会中增加乡村党的实力。乡村党的要求也有宪制上的合法性。按照 1696 年苏格兰颁布的一部法律,在国王去世的情况下,“如果议会正在会期中,那么议会就不解散,继续存续 6 个月;如不在会期内,则议会应当在国王去世的 20 天内召集开会,并采取必要的措施以保证新教信仰安全以及《权利声明》所确立的王位继承权,以及王国的安全”。[71] 因此,汉密尔顿认为苏格兰议会没有再规定的

20日内召集，已经失去了合法性；而且由于安妮女王的顺利继位，宗教的安全与公共秩序都已经得到了保证。况且，自1689年的"无君议会"以来，苏格兰议会从未进行过新的议会选举，应当进行新的议会选举。宫廷党则清楚地意识到，在当时的处境下，如果进行新的大选，势必将使苏格兰失去控制。因此，昆斯伯里说服安妮女王同意准许旧的议会继续存续。这引起了乡村党的不满，在议会召开之日，汉密尔顿带领乡村党退出了议会。这样，安妮继位后苏格兰召开的第一次议会就成为了一次"残缺议会"。这个议会响应了安妮女王议会联合的建议，任命了进行联合谈判的委员。

1702年10月，两国的委员在威斯敏斯特进行两国联合的谈判。英格兰方面提出两个王国应当以大不列颠的名义统一成一个王国，在王位继承方面共同遵守英格兰法律所规定的将王位授予给汉诺威选帝侯的规定。苏格兰方面则提出，应当以自由贸易作为两国完全统一的条件，这其中包括进出口货物方面关税的平等、苏格兰能够自由地从事英格兰殖民地的贸易、废除《航海条例》对苏格兰的限制。[72]双方的谈判在国债分摊以及苏格兰非洲公司问题上遭遇了巨大的困难。苏格兰方面认为，苏格兰没有义务为英格兰国债而负担额外的税收义务，而英格兰则认为英格兰的国债是用于反对法国的战争，而苏格兰也和英格兰一样同等地从中获益了，因此应当承担国债的负担。在非洲公司问题上，英格兰认为苏格兰议会赋予非洲公司的特权是同英格兰东印度公司享有的特权相悖的。而苏格兰人则坚定地认为，苏格兰的公共信用要求必须对公司的出资人承担责任。1702年两国关于议会联合的谈判就此终止。安妮继位后第一次的联合提议以流产告终。

在评价1702－03年两国的谈判时，麦金农认为，双方的谈判只是试探性的。"在这件事情上，没有一方是足够真诚的。"[73]确实，如果英格兰与苏格兰最终实现议会联合是英苏关系危机导致的一个结果，那么显然在 1702－03 年间，英苏关系的危机并不足以迫使双方中任何一方做出一定程度的妥协甚至自我牺牲。议会联合的实现有赖于英苏关系危机的进一步酝酿。

1703 年召开的苏格兰新一届的议会以及议会通过的一系列法案导致了英苏关系更大的危机，并导致英格兰议会对苏格兰议会的行动采取反制措施，开启了两国议会之间的战争。苏格兰议会和英格兰议会之间的激烈冲突几乎导致了内战。

在双方进行联合谈判之际，苏格兰举行了新的议会大选。乡村党利用达里安计划造成的对宫廷党和英格兰的敌视情绪，在大选中获得了较多的议席。1703 年 5 月 6 日，苏格兰最后一届议会在爱丁堡召开，它一直存续到 1707 年 3 月 25 日。自 1689 年光荣革命以来，苏格兰已经 14 年未举行议会大选了。因此，新的议会选举也使得这届比之前的议会更能代表苏格兰的民意。在评价苏格兰这一届议会所具有的普遍代表性时，戴雪认为，苏格兰这一届议会更能代表民意，更具有英格兰议会主权的性质。“1703 年议会的宪法权威丝毫不能受质疑。更进一步可以认为，1703 年议会从英格兰议会主权理论甚至其实践中吸收了许多教训。安妮并不希望长久地保留那些无法获得苏格兰议会支持的苏格兰大臣的官职。苏格兰人同样也从英格兰学会议会控制王室权威的方法，他们学会了拒绝同意开征捐税，并且实际上采纳了威斯敏斯特的观点，认为平复不满(remedy of grievance)必须先于征税。”[74]

因此，1703 年苏格兰议会已经在一定程度上具有议会主权的性质。尽管宫廷党仍然试图通过王室的影响力来控制议会，但议会在乡村党的引导下，能够更加独立自主地为了苏格兰国家的繁荣与安全谋划。国王在苏格兰的代理人或者英格兰的大臣已经很难操控苏格兰议会。

苏格兰针对英格兰的议会立法首先从王位继承方面着手。1700年安妮最后一个孩子夭折之后，英格兰议会已经通过1701年的《王位继承法》将英格兰王位的继承权授予了汉诺威的索菲亚公主（Princess of Sophia of Hanover）或者她亲生的信奉新教的子嗣。但是，英格兰议会在确立王位继承权时并未获得苏格兰议会的同意，这部法律对苏格兰王位的继承没做任何规定。而在王室联合下，任何单方面对王位继承权的确定都有可能导致王室联合的终止。1703年苏格兰议会正是看到了这一点，制定了《王国安全法》（Act for the Security of the Kingdom）。这部法案最主要的内容是关于苏格兰王位继承权的安排："如果女王未留下任何子嗣就驾崩了，议会将从苏格兰王室世系的新教徒后代中选择一位继承人，但是公认的英格兰王室的继承人不在选择之列，除非'政府同意并通过立法确保苏格兰王室和王国的荣誉与主权（包括议会的自由、召开的频率以及权力），确保国家的宗教、自由和贸易不受英格兰及其他外国势力的影响。'"[75]这部法案表达了苏格兰人民与议会对王室联合的不满。明显，这部法案的目的就是要迫使政府要么将两国关系调整到令苏格兰人满意的程度，要么在安妮女王驾崩之后，王室联合解体，苏格兰成为独立自主的国家。

这部法案并没有获得女王很快的同意。在它之前获得女王批准的是苏格兰议会制定的另一部法案《战争与和平法》（Act Anent Peace and War）。这部法案的主要内容是："（1）苏格兰的国王或女王在未得到议会同意的情况下，无权对任何国家宣战；（2）在未得到议会同意下的此类宣战对苏格兰王国的臣民没有任何约束力（尽管国王运用权力镇压国内叛乱或抵抗外国侵略是正当的）；（3）有关和平、贸易和联盟的条约必须有主权者在得到议会各等级同意的情况下进行谈判。"[76]这部法案赋予苏格兰议会决定战争与和平的权力，而在此之前此项权力以及与此相关的外交政策制定权都是王室的特权。因此，这部法案严重地限制了苏格兰王室的特权，其意图在于保证在王室联合的情况下，防止英格兰政府对苏格兰外交政策的干预。

曾经出于共同的新教利益，1689年苏格兰轻易地就允诺跟随新英格兰“光荣革命”的步伐，并很快在王位继承上承认威廉国王及其继承人的合法性。以辉格党“革命原则”为理论基础的“革命政权”在实际上丝毫不具有多少辉格特征，苏格兰议会被“革命政权”控制了长达14年之久，革命原则也沦为宫廷党人统治的借口。1703年，苏格兰经历了“二次革命”，新一届的议会通过的这两部法案自光荣革命以来又一次地革了宫廷党人的命。在某种程度上，《王国安全法》可以说是苏格兰的“独立宣言”。

如果不是局势的迫使，英格兰人不可能同意安妮女王批准苏格兰议会的这两部法律。苏格兰的独立革命就很难成功。首先在苏格兰内部局势迫使女王必须同意苏格兰议会的立法。苏格兰议会已经决定在女王同意这两部法案之前，不会批准同意维持女王政府必须的任何税收的法律（Act of Supply）。这意味着，如若女王不同意安全法案以及战争与和平法，那么女王在苏格兰的政府将由于缺乏必要的经费而解散。苏格兰的三千军队将被迫解散，而解散无疑将导致公开的叛乱。[77]在外部，路易十四早已承认詹姆斯三世为英格兰与苏格兰的国王，并正在密切关注着苏格兰的事态进展，承诺向苏格兰的詹姆斯党人提供资金与军事上的支持。在这种情况下，苏格兰失去控制意味着路易十四扶持的詹姆斯有可能在不列颠北部复辟。因此，苏格兰的事态在某种程度上已经成为保卫1689年光荣革命成果，保证新教安全最主要的一环。而与此同时，由于马尔博罗（Marlborough）正在欧陆同法国展开激战，英格兰完全没有军队用于征服苏格兰。[78]“要是布伦海姆（Blenheim）大捷的消息早一个月抵达，戈多尔芬也许就能更加沉着地面对苏格兰问题，更加强硬地回应苏格兰人的威胁。然而，马尔博罗和欧金还没有打败选帝侯和塔拉元帅(Marshal Tallard)。财政大臣只能屈服。女王也只能极不情愿地同意了《安全法案》。”[79] 在这种情况下,苏格兰问题的解决只能通过两国之间议会的战争来完成。

针对苏格兰议会的两部法案,英格兰议会做出了全面的反击。英格兰议会很快通过了一部所谓“外国人法案”(Alien Act),并在1705年3月14日获得王室批准。这部法案的全称是《为有效地保证英格兰王国免遭苏格兰议会最近所通过的若干法案所带来的明显危险而制定的法案》(An Act for the effectual securing the Kingdom of England from the apparent dangers which may arise from several Acts lately passed by the Parliament of Scotland)。[80]

英格兰议会的这部法案是一部极其明智的法案。因为它一方面制定了反制苏格兰议会立法的措施,另一方面,它又为更加彻底地解决苏格兰问题提供了可选择的道路。首先,这部法案规定,自1705年12月25日起,所有苏格兰人除了少数人之外,都应当被视为并非生而效忠于英格兰女王的外国人,直到苏格兰议会通过法案确定安妮女王无嗣而终后,继承苏格兰王位的人有权按照1701年的《王位继承法》(即汉诺威的女选举人索菲亚,或者她亲生的新教子嗣)继承英格兰王位为止。并且,外国人法案进一步规定,自1705年12月25日起,苏格兰与英格兰的贸易在许多最重要的事项上都将受到法律处罚的限制,直到苏格兰议会通过了上述关于苏格兰王位继承的法案。

其次,这部法案为苏格兰议会同英格兰议会的联合谈判提供了机会。法案授权女王任命就两国联合进行谈判的委员。女王行使这项权力的条件是,苏格兰王国通过法案正式任命了苏格兰委员。[81]

两国议会间的战争表明,不论对于苏格兰人还是英格兰人来说,1603年以来的王室联合难以为继了。在同苏格兰的关系上,王室联合对英格兰最为有利,它至少能保证英苏边境地区的和平,并防止了苏格兰同法国之间的联盟。因此，在安妮统治初期，在英苏关系上，英格兰自然倾向于维持现状的简单政策。他们既不愿意适当调整英苏关系，不允许苏格兰与英格兰之间的自由贸易，更不允许苏格兰分享英格兰海外殖民地的利益。苏格兰人的达里安计划表明，苏格兰殖民政策会同英格兰的殖民政策冲突。苏格兰的《战争与和平法》以及《安全法案》表明，在英苏关系的冲突中，苏格兰更倾向于重建独立的苏格兰国家。并且，只要苏格兰王位继承问题没有确定，他们就拥有打破王室联合、建立独立国家的合法手段。然而，在当时的国际环境下，苏格兰独立便意味着不列颠北部与南部之间内战的爆发，而苏格兰又能够得到法国的支持，并能够通过同英格兰的詹姆斯党人结盟而获得支持。这些对 1689 年的革命成果与新教安全都将是最致命的威胁。英格兰议会的《外国人法案》意在从经济与贸易上迫使苏格兰人屈服，并提供了一条和解的道路。这是英苏关系史上最严重的危机，而 1707 年两国议会的联合也从这一危机中孕育而生。

第三节　危机的缓和与 1707 年的议会联合

至 1705 年英格兰议会出台《外国人法案》，英格兰与苏格兰的关系已陷入深刻的危机之中。一艘归属于苏格兰非洲公司名为安南戴尔号（Annandale）的船在英格兰被扣留了，并且货物被没收。查扣行动是应东印度公司的请求进行的。它激起了苏格兰人的不满。不久之后，一艘名为沃尔塞斯特号（Worcester）的船停靠苏格兰口岸；为了报复安南戴尔号的遭遇，非洲公司也密谋查扣沃尔塞斯特号，并指控沃尔塞斯特号的船员对一艘属于非洲公司的名为“快速归程”号（Speedy Return）的船实施了海盗行为，谋杀了船长以及船员。就在《外国人法案》出台后不久，沃尔塞斯特号的船长和船员在爱丁堡被指控犯谋杀罪并被处死。[82]苏格兰的司法谋杀行为引起了英格兰极大的不满。英苏关系危机引起的敌对行为已经首先在经贸领域展开。

然而，当1706年两国议会最终批准联合法案，两国议会实现联合，人们不禁会疑问，两国间的危机究竟是如何得以缓和，两国议会究竟是如何从一种战争状态进而能够实现和平的联合呢？对于议会体制而言，如何缓和1703－04年间苏格兰议会中激进的爱国主义，使其变得可控，并将其纳入到联合谈判的轨道中，这是一个重要的课题，并且也是两国议会能够实现联合的秘密所在。

在光荣革命中，苏格兰议会的立法委员会已经被废除，因此，安妮女王已经不可能再像查理二世一样操控议会，使议会成为王室的立法工具。在议会主权体系下，王室在面对议会激烈的不满时，只能通过重组政府，并在一定程度上满足反对派的要求而使其瓦解。1705年苏格兰议会的危机也是通过这种方式加以解决的。自达里安危机之后，苏格兰政治所发生的变化已经挑战了王室通常的管理手段，并迫使王室大臣寻求更加广泛的措施，包括向反对派的诉求让步，以重建议会中宫廷党的多数。[83]由于达里安计划导致的危机，昆斯伯里公爵领导的宫廷党在苏格兰已经失去了支持。1704年，安妮女王以及英格兰财政大臣戈多尔芬决定用特文戴尔侯爵(marquess of Tweeddale)取代昆斯伯里，重组苏格兰政府。特文戴尔是反对派中趋于中庸与保守一部分人的领袖。这一部分人自称为新党(New Party)，以区别于昆斯伯里领导的宫廷党人。安妮对于这一届政府的期待是，希望它能在议会中确保汉诺威的王室继承权。然而，在1704－05年的议会中，由于《战争与和平法》、《安全法案》、以及《外国人法案》造成了更大的危机，新党在议会中既失去了过去的宫廷党人的支持，同时又没能得到乡村党的支持，王位继承权问题也仍然悬而未决。[84]在这种情况下，女王与戈多尔芬只能用阿盖尔公爵(duke of Argyll)取代特文戴尔，重组苏格兰政府。阿盖尔公爵采取的第一项措施便是解除新党的政府职务，同时将昆斯伯里及其追随者吸收进新政府中。这样就重组了一个以宫廷党人为主体的强有力政府。与此同时，由于反对派中的詹姆斯党人不再信任汉密尔顿，以及在议会讨论联合委员的提名权问题上汉密尔顿诡异的放弃行为，反对派的力量已经被瓦解。这样，在苏格兰宫廷党人重新获得了对议会的掌控。与此同时在英格兰最近的议会选举中，辉格党人逐渐开始获得优势，倾向于议会联合的辉格党人能够在议会中采取对苏格兰缓和的政策。制定了《外国人法案》的辉格党人从未试图使这部法案成为打击苏格兰人的大棒，而是试图使之成为撬动苏格兰人走向议会联合的杠杆。[85]因此，当辉格党人看到，宫廷党人在苏格兰议会中重新获得控制权，议会下院中的辉格党领袖罗伯特·哈雷(Robert Harley)便动议废除了《外国人法案》。[86]到 1705 年末，两国议会都通过法案授权由女王任命进行联合谈判的委员。两国议会已经从危机中走向缓和。

1706 年，安妮女王分别任命了英格兰与苏格兰两国进行联合谈判的委员。英格兰方面的的代表 31 名包括戈多尔芬、索姆斯、哈利法克斯(Halifax)、哈雷(Harley)、桑德兰(Sunderland)、哈尔科特爵士(Sir Simon Harcourt)、以及纽卡斯尔、德文郡、索姆塞特和博尔顿诸位公爵，此外还包括下议院议长、掌玺大臣和两位大检察官。[87]苏格兰方面的委员是大法官希菲尔德(Lord Chancellor, Seafield)、昆斯伯里公爵以及玛尔(Mar)、劳登(Loudoun)、斯蒂尔(Stair)、罗斯伯里(Rosebery)诸位伯爵、坎贝尔勋爵(Lord Archibald Campbell)、苏格兰最高民事法庭的主席以及三位法官、爱丁堡市长(Lord of Provost)。[88]由于两国议会已经授权由女王任命各自的代表，因此，委员会委员大部分都是辉格党人，并且都是从希望实现大不列颠政治联合的人中选出。这就保证了最终双方能够顺利制定出联合条约。

1706 年 4 月 16 日，为英格兰与苏格兰进行议会联合而进行谈判的两国代表们在伦敦威斯敏斯特召开会议。谈判一直存续到 7 月 22 日，两国代表们正式缔结了联合条约。谈判主要围绕苏格兰对国债和税收的负担、苏格兰法律制度的存废、联合后苏格兰议员名额以及苏格兰非洲公司的存废这四个方面展开。

苏格兰委员试图把条约限制在王位继承权、彼此的权利与特权、自由贸易以及取消现有的敌视性法律方面。英格兰的代表则要求两国进行完全的合并性联合，这是苏格兰分享英格兰贸易所必须付出的代价。在这点上，苏格兰委员做出了实质性的妥协。分享英格兰及其殖民地的贸易是苏格兰方面的根本诉求，因此，此后的谈判中，自由贸易以及苏格兰分担的国债份额与税收就成为重要的议题。

合并性联合以及自由贸易必然要求两国实行平等的税收与税赋。两国的商业都"应当接受同样的贸易禁令、限制和管制"，两国臣民"应当交纳同样的关税、消费税和其他税收"。[89] 这意味着，联合之后，苏格兰应当承担同样的税赋。然而，这些税赋有很大一部分是为了偿还联合之前英格兰的国债。因此，苏格兰承认税收与关税同等这一基本前提，但要求获得一笔财政返还（equivalent），以补偿苏格兰为英格兰的国债付出的代价。在土地税方面，苏格兰坚持所承担的土地税份额不能超过 48 000 镑。在消费税和关税方面，苏格兰同意所有从苏格兰出口到英格兰及其殖民地的各种酒类以及所有产品都征收和英格兰同等的关税，但是，必须给一些商品一些宽限期，"在苏格兰境内免征消费税以及其他所有税赋"[90]，其中包括印花税、牛皮纸、羊皮纸、麦芽以及盐等商品。[91] 有关自由贸易、税收、国债方面的谈判结果体现在联合条约及联合法案第 4 – 17 条条文中。

除了贸易及税收方面，苏格兰也特别注意保证苏格兰法律制度的存续。除了苏格兰议会，由于合并性的联合，将与英格兰议会组成不列颠议会而消失外，联合对苏格兰的法律制度几乎很少改变，苏格兰人也坚持他们民族的法律制度都必须得以保存。因此，仅仅部分涉及公共权利、政策和政府的法律都将和英格兰方面的相关法律合并，而所有仅仅涉及私人权利的法律则不作改变，一直保存下去。[92]苏格兰的财税法院以及枢密院都将继续存续，各种继承性司法权以及王室市镇的特权和权利也一仍其旧。苏格兰的法律阶层保护了苏格兰的司法体系在联合后仍然继续存在。[93]

此后谈判围绕的一个重要事项是苏格兰议员的名额。考量名额的标准有两个，即税收比例和人口比例。苏格兰每年缴纳的土地税每年不超过 48 000 镑，而英格兰则达到 200 万镑，按照税收比例，苏格兰议员名额应为英格兰的四十分之一，约为 13 名。如按照人口为标准，当时苏格兰人口约为 200 万，而英格兰是 600 万，即苏格兰议员名额为英格兰的三分之一，约为 170 人。[94]最终谈判在税收与人口标准中平衡，确定苏格兰议会议员名额为 45 名下院议员，16 名上院议员。

谈判双方最后遇到一个非常棘手的问题是苏格兰非洲公司存续的问题。苏格兰委员建议，苏格兰非洲公司的权利与特权在联合之后应当继续存在。由于英格兰东印度公司在对待苏格兰非洲公司的贸易特权方面态度强硬，苏格兰人也不再坚持，非洲公司是苏格兰人天然的而不可放弃的权利，苏格兰人愿意在获得赔偿的情况下，放弃非洲公司。苏格兰人提出一个替代性选择，即如果英格兰人发现苏格兰非洲公司的继续存续有害于联合王国的贸易，那么英格兰方面应当将苏格兰非洲公司的股份买断。最后，计入国债税收方面给与苏格兰的财政补偿以及用于购买苏格兰非洲公司股份的金额总计为 398 085 镑 10 先令。[95]

经过双方几个月的谈判，7 月 23 日，双方终于宣布，谈判圆满完成，并且双方共同起草了一份 25 条的联合条约，提交给女王、上院、下院和苏格兰议会批准。联合条约得到分别先后得到苏格兰议会和英格兰上下两院的通过，成为各国的法律。

《联合条约》的内容大致由三个部分组成：关于宪政制度的安排、关于经贸税收方面的规定以及关于保留苏格兰法律制度的条文。条约第一、二、三条以及第二十二、二十三条对联合之后的宪政制度做了安排。第一条两国联合成统一的大不列颠联合王国。第二条对安妮女王殁后联合王国的王位继承权做出规定。第三条规定联合王国由同一个议会即大不列颠议会代表。第二十二、二十三条规定对苏格兰的议员名额以及上院中的苏格兰议员的权利做了规定。戴雪认为，通过议会的联合，苏格兰的立法权力以及最终的执行权由苏格兰议会转交给大不列颠议会；苏格兰议会长久以来无论在理论上还是事实上都从未成为至高无上的主权机关；而大不列颠议会继承了议会最高主权的传统以及议会主权的立法实践。[96]因此，事实上通过议会的联合，英格兰最终将苏格兰纳入了议会主权的传统之内。

其次，《联合条约》第四至十七条是关于两国间自由贸易以及税收平等及其例外的规定。虽然《联合条约》对两国经贸关系调整都是基于当时流行的重商主义经济理论而设立的，但条约第四、五、六条规定，联合王国的所有臣民在整个联合王国以及联合王国所属的所有自治领和殖民地中享有完全的自由贸易。苏格兰尤其从自由贸易中获得了巨大的物质繁荣。

《联合条约》第十八至二十一条对苏格兰要求保留的各项政治与法律制度做了规定。

就此，英格兰与苏格兰两国实现了议会的联合，两国议会组成了大不列颠议会。1707 年之前，英格兰和苏格兰都是政治独立的国家，虽然存在着王室的联合，但两个国家由于持续了差不多三四百年的不断战争而引起的巨大仇恨而相互仇视。1707 年的联合彻底结束了两个王国之间几个世纪以来的敌视，将人民的精神从尚武引向经贸与共同创造物质繁荣的方向。

通过 1707 年的联合，詹姆斯一世曾经梦想但从未实现的大不列颠统一的国家形态在法律上得以实现。这期间经历了漫长的革命与抗争，并且发生了政治权力的转移。虽然苏格兰议会从未像哥特传统下的英格兰议会一样拥有长久的独立地位，是人民自由的象征，但自从苏格兰追随英格兰光荣革命的脚步，尤其是 18 世纪初以来，苏格兰议会已经变得越来越独立自主，难于控制。对于英格兰而言，通过 1707 年的议会联合，它事实上消灭了苏格兰议会，成功地解决了边疆地区对英格兰宪政体制带来的压力。因此，不列颠岛就能采取统一的经济、外交政策，避免英苏两国内部的摩擦，也避免了苏格兰在经济与政治上成为荷兰、法国等国家侵入英格兰的后门。对于苏格兰而言，联合不可避免将切断同法国、荷兰的密切联系，但它同时为苏格兰的商人打开了英格兰及其殖民地这一巨大的市场。可以说，英苏联合以及自由贸易的实现是 18 世纪苏格兰繁荣的主要前提，也是亚当·斯密《国富论》中倡导自由贸易的最有利例证。英格兰与苏格兰的联合为 18 世纪不列颠帝国的扩张与成长奠定了基础。对此历史学家评价道："其他的帝国无不从血腥的战场和无度的暴力中诞生。而联合王国却完全可以自夸有着更加高贵的起源，它是和平谈判精神的胜利——这种精神战胜了自私的政策和空洞的爱国主义。"[97]宪法学家戴雪则认为 1707 年的联合堪比于美利坚合众国的联邦立宪。[98]

注释

1. G.W.T. Omond, *The Early History of Scotland Union Question*, Edinburgh & London: O. Anderson & Ferrier Press, 1906, pp.127 - 132.

2. 1670 年的联合谈判主要涉及五个问题：保存两国各自的民事与宗教

法律完整、将两个王国统一成一个王国、两国议会合并成一个议会、贸易谈判、保证联合持久的最好方式。William Ferguson, *Scotland's Relations with England: A Survey to 1707*, Edinburgh: John Donald Publishers, 1977, p.156; G.W. T. Omond, *The Early History*, p.139.

3. William Ferguson, *Scotland's Relations,* p.155.

4. Maurice Lee, *The Cabal*, Urbana: University of Illinois Press, 1965, p.67.

5. Tim Harris, *Revolution: The Great Crisis of the British Monarchy, 1685 - 1720*, New York: Penguin Group, 2006, p.19.

6. C.C. Weston, *Subjects and Sovereigns: The Grand Controversy over Legal Sovereignty in Stuart England*, London: Cambridge University Press, 1981, p.149.

7. J.P. Kenyon, *Stuart Constitution 1603 - 1688: Documents and commentary*, London: Cambridge University Press, 1986, p.335.

8. *Ibid*., p.331.

9. 对内战及共和时期行为的宽恕,导致保王派无法追回在内战和共和时期被没收的土地,这激起了他们的强烈反对;而宗教宽容则完全是无法兑现的诺言。

10. Kenyon, *Stuart Constitution,* pp.335 - 339.

11. J.H. Plumb, The Growth of Political Stability in England, London: MacMillan Press, 1967, p.32.

12. 查理二世还充分利用审判弑君者及亨利·维恩(Henry Vane)的机会加强绝对王权理论。此外,关于议会史历史研究的进一步发展也已经证明柯克关于普通法与议会历史的荒谬不经,查理二世支持的历史研究发现,议会的起源并非是日耳曼森林,而是源自金雀花王朝的恩典。因此,议会并不是一项民众的自然权利,而是王室恩典的产物。王室在四个方面加强了王室权力:加强了对新闻出版的审查,禁绝煽动性的政治理论出现;为议会法案添加固定性条款,确立国王的主导地位,贬低议会的地位;重新修订公祷书,确立国王的神圣地位;追封查理一世为殉道者、圣徒。国王的这些措施都旨在加强王权的力量,试图按照路易十四的榜样,在英格兰重建绝对君主制。参见 C.C. Weston, *Subjects and Sovereigns*, p.182 以下。

13. Tim Harris, *Restoration: Charles II and his Kingdoms 1660 - 1685*, New

York: Penguin Group, 2005, p.60.

14. *Ibid.*, p.61.

15. *Ibid.*, p.80.

16. Maurice Lee, *The Cabal*, p.238.

17. Tim Harris, *Revolution*, p.25.

18. Tim Harris, *Revolution*, p.27

19. *Ibid.*, p.28.

20. *Ibid.*, p.235.

21. Tim Harris, *Revolution*, p.32.

22. William Ferguson, *Scotland's Relations,* p.150.

23. R. Rait, *The Making of the Nations: Scotland*, London: Adam & Charles Black Press, 1911, pp.245－275.

24. Tim Harris, *Revolution*, p.21.

25. Rait, *The Making of the Nations: Scotland*, pp.245－275.

26. Tim Harris, *Revolution*, p.22.

27. 七位贵族分别是什鲁斯伯里(Shrewsbury)伯爵、德文郡(Devonshire)伯爵、丹比(Danby)伯爵、拉姆雷(Lumley)勋爵、伦敦主教、爱德华·罗素和亨利·西德尼。德文郡伯爵和丹比伯爵都是土地贵族,前者是辉格党人,后者是托利党人。伦敦主教代表了教会的利益。什鲁斯伯里和拉姆雷都由于反对詹姆斯在军队中安插天主教徒而遭到解职,因此他们代表了军队的不满。西德尼则代表了海军。参见 Maurice Ashley, *The Glorious Revolution of 1688*, London: Hodder & Stoughton, 1967, p.122; Tim Harris, *Revolution*, p.271。

28. Maurice Ashley, *The Glorious Revolution,* p.201.

29. 彼得·拉斯莱特已经阐述并解释了洛克及其理论在这场革命中的意义。参见[英]彼得·拉斯莱特:《洛克〈政府论〉导论》,冯克利译,北京:三联书店,2007年。

30. Tim Harris, *Revolution*, p.324; George Moore, *The History of the British Revolution of 1688－89*, London: Longman Press, p.245.

31. George Moore, *The History of the British Revolution*, pp.245－253; Maurice Ashley, *The Glorious Revolution,* pp.182－183.

32. Lois G. Schwoerer, "Locke, Lockean Ideas, and the Glorious Revolution", *Journal of the History of Ideas*, Vol.51, No.4, pp.531 - 548.

33. George Moore, *The History of the British Revolution of 1688 - 89*, pp.257 - 260; Maurice Ashley, *The Glorious Revolution*, p.183.

34. Maurice Ashley, *The Glorious Revolution*, p.176.

35. *Ibid.*, p.207.

36. C.C. Weston, *Subjects and Sovereigns*, p.238.

37. Jeffrey Goldsworthy, *The Sovereignty of Parliament: History and Theory*, London: Clarendon Press, 2001, p.159.

38. C.C. Weston, *Subjects and Sovereigns*, p.247.

39. Tim Harris, *Revolution*, p.353.

40. Joyce Malcolm, ed., *The Struggle for Sovereignty: Seventeenth-century English Political Tracts*, vol.II, Indianapolis: Liberty Fund, 1999, p.31.

41. 关于光荣革命在苏格兰展开的情况可参阅 Robert Barnes, "Scotland and the Glorious Revolution of 1688", *Albion: A Quarterly Journal Concerned with British Studies*, Vol.3, No.3, pp.116 - 127。

42. Tim Harris, "The People, the Law, and the Constitution in Scotland and England: A Comparative Approach to the Glorious Revolution", *Journal of British Studies*, Vol.38, No.1, pp.28 - 58.

43. "苏格兰等级议会采纳了英格兰议会自14世纪以来就一直为之奋斗的宪政原则。威廉统治时期,苏格兰的宪政体制是英格兰的馈赠。它本身在民族历史中几乎没有什么根基。"Rait, *The Making of the Nations: Scotland*, p.276.

44. Rait, *The Making of the Nations: Scotland*, p.277.

45. 关于《权利声明》对苏格兰宪制的改变可参阅 William Ferguson, *Scotland's Relations*, p.172。

46. 参见戴雪,《19世纪英格兰的法律与公共舆论》。

47. William Ferguson, *Scotland's Relations*, p.169.

48. 关于18世纪初英国政党政治及其发展可参阅 J.P. Kenyon, Revolution Principles, London: Cambridge University Press, 1990; Geoffrey

Holmes, *British Politics in the age of Anne*, London: The Hambledon Press, 1987.

49. H.T. Dickinson, "The Eighteenth-Century Debate on the Sovereignty of Parliament", *Transactions of the Royal Historical Society*, Fifth Series, Vol. 26 (1976), pp.189 - 210.从王权的神圣权力转换到议会主权的神圣权力这个历史过程对于解释美洲殖民地反抗英格兰议会的议会主权极为重要。这一转变在政治史上的表现就是沃尔波尔领导下的辉格党将自身同激进主义划清界限,并进而将其同贵族、高级金融集团以及政府要员的利益捆绑在一起。参见 J.H. Plumb, *The Growth of Political Stability*, p.187。美洲殖民地小册子作家煽动反抗王权的作品在某种程度上是有些历史错乱。经过光荣革命之后,在母国,王权早已不再专断绝对,凭借乔治三世个人及其宠臣也绝无法恢复专断的王权。殖民地反抗的毋宁是议会或者说控制议会的那些人的专权。为了自由、反对帝国的抗争又在美洲大地上燃烧起来,然而这次位于帝国心脏的不再是神圣王权,而是议会的主权。就这样,议会主权完成了一个转变,从曾经自由的象征变成帝国压迫的符号。

50. 相关史述可参见 William Ferguson, *Scotland's Relations,* pp.171 - 172。

51. J.C.D. Clark, *The Language of Liberty 1660 - 1832: Political Discourse and Social Dynamics in the Anglo-American World, 1660 - 1832,* London: Cambridge University Press, 1994.

52. 同上。

53. James Mackinnon, *The Union of England and Scotland*, London: Longmans Press, 1907; William Ferguson, *Scotland's Relations,* p.186.

54. *Fletcher's Political Works*, p.386.转引自 James Mackinnon, *The Union of England and Scotland*, p.17。

55. James Mackinnon, The Union of England and Scotland, London: Longmans Press, 1907.

56. James Mackinnon, *The Union of England and Scotland*, p.21.

57. *Ibid*., p.24.

58. *Ibid*., pp.25 - 26.

59. 资本募集以及具体的殖民过程,参见 A. Dicey, *Thoughts on the Union between England and Scotland,* London: McMillan, 1920, pp.145 - 151; James

Mackinnon, *The Union of England and Scotland*, pp.30 - 43.

60. James Mackinnon, *The Union of England and Scotland*, p.55

61. William Ferguson, *Scotland's Relations,* p.179.

62. *Ibid*., p.58.

63. *Ibid*., p.195.

64. 如果距离过于遥远,议会的联合变得不可能或无必要,那么独立便是其唯一的选择。任何基于既有法权体系而进行的辩论都无法抵抗独立的议会代表的自由所具有的吸引力。这是美洲殖民者所进行的事业。而当联邦党人在为联邦宪法努力辩论时,他们所进行的无异于另外一场范围更加广泛的议会联合。所不同的是,合众国的联合并没有英苏联合完成得那么彻底,各州议会仍然得以保留,并且通过宪法明确保护个人的权利,并限制联邦政府的权力。

65. 如果说光荣革命代表的是议会反抗残暴国王的自由叙事,那么英格兰与苏格兰的议会联合则代表了议会主权的帝国叙事。

66. Christopher Storrs, "The Union of 1707 and the War ofthe Spanish Succession", *The Scottish Historical Review*, Volume LXXXVII: 2008(Supplement), pp.31 - 44.

67. James Mackinnon, *The Union of England and Scotland*, pp.84 - 85; William Ferguson, *Scotland's Relations*, pp.186 - 187.

68. James Mackinnon, *The Union of England and Scotland*, p.86.

69. A. Dicey, *Thoughts on the Union between England and Scotland,* London: McMillan, 1920, pp.160 - 177.

70. Karin Bowie, "Publicity, Parties and Patronage: Parliamentary Management and the Ratification of the Anglo-Scottish Union", *The Scottish Historical Review*, Volume LXXXVII: 2008(Supplement), pp.78 - 93.

71. James Mackinnon, *The Union of England and Scotland*, p.65.

72. James Mackinnon, *The Union of England and Scotland*, p.69.

73. *Ibid*., p.72, Note.1.

74. A. Dicey, *Thoughts on the Union between England and Scotland,* London: McMillan, 1920, pp.152 - 155.

75. *Ibid*., pp.160 - 168.

76. 同上,第 47 页。

77. James Mackinnon, *The Union of England and Scotland*, p.170.

78. Christopher Storrs, "The Union of 1707 and the War ofthe Spanish Succession", *The Scottish Historical Review*, Volume LXXXVII: 2008(Supplement), pp.31 - 44.

79. James Mackinnon, *The Union of England and Scotland*, p.171.

80. A. Dicey, *Thoughts on the Union between England and Scotland,* London: McMillan, 1920, pp.160 - 168.《外国人法案》的出台基本上应归功于上院中的辉格党贵族,参阅 William Ferguson, *Scotland's Relations,* p.223。

81. A. Dicey, *Thoughts on the Union between England and Scotland,* London: McMillan, 1920, pp.160 - 177.

82. James Mackinnon, *The Union of England and Scotland*, pp.191 - 198; A. Dicey, *Thoughts on the Union between England and Scotland,* London: McMillan, 1920, pp.168 - 173.

83. Karin Bowie, "Publicity, Parties and Patronage: Parliamentary Management and the Ratification of the Anglo-Scottish Union", *The Scottish Historical Review*, Volume LXXXVII: 2008(Supplement), pp.78 - 93.

84. James Mackinnon, *The Union of England and Scotland*, pp.158 - 202.

85. William Ferguson, *Scotland's Relations,* p.223.

86. James Mackinnon, *The Union of England and Scotland*, p.216.

87. 英格兰方面的代表包括:坎特伯雷枢机大主教、约克枢机大主教、掌玺大臣威廉·库珀、戈多尔芬、彭布罗克伯爵、纽卡斯尔公爵、德文郡公爵、索姆塞特公爵、博尔顿公爵、桑德兰伯爵、金斯顿伯爵、卡莱尔伯爵、牛津伯爵、汤申子爵、沃顿勋爵、格雷勋爵、鲍雷特勋爵、索姆斯勋爵、哈利法克斯勋爵、下院议长约翰·斯密斯、哈丁顿侯爵、格兰比侯爵、查理·黑奇斯、罗伯特·哈雷、亨利·波伊尔、王座法院首席法官约翰·霍尔、普通法法院首席法官托马斯·特文、总检察长爱德华·诺瑟、副总检察长西蒙·哈尔科特、王室首席法律顾问约翰·库克、斯蒂芬·沃勒。除了约克枢机大主教是一位不折不扣的高教派托利党人外,其余都是辉格党人或同情辉格党的。参见 A. Dicey,

Thoughts on the Union between England and Scotland, London: McMillan, 1920, pp.381 - 382。James Mackinnon, *The Union of England and Scotland*, p.221.

88. 苏格兰方面的代表包括：希菲尔德伯爵、昆斯伯里公爵、玛尔伯爵、劳登伯爵、萨瑟兰伯爵、维米斯伯爵、莫顿伯爵、列文伯爵、斯蒂尔伯爵、罗斯伯里伯爵、格拉斯哥伯爵、坎贝尔勋爵、杜普林子爵、罗斯勋爵、休・达尔利普、奥米斯顿的亚当・科克伯恩、阿尼斯顿的罗伯特・邓达斯、罗伯特・斯图亚特、弗兰西斯・蒙特戈梅里、大卫・达尔利普、亚历山大・奥奇尔维、爱丁堡市长帕特里克・约翰斯顿、詹姆斯・斯莫雷特、乔治・洛克哈特、威廉・莫里森、亚历山大・格兰特、威廉・瑟顿、约翰・克拉克、格拉斯哥市长休・蒙特戈梅里、丹尼尔・斯图亚特、丹尼尔・坎贝尔。除了乔治・洛克哈特是一位明确的詹姆斯党人外，其余均为支持革命原则的辉格党人。参见 A. Dicey, *Thoughts on the Union between England and Scotland,* London: McMillan, 1920, p.382。James Mackinnon, *The Union of England and Scotland*, p.219.

89. James Mackinnon, *The Union of England and Scotland*, p.228.

90. *Ibid.*, p.229.

91. *Ibid.*, p. 229. 相关讨论还可参见 Theodora Keith, *Commercial Relationship of England and Scotland, 1603 - 1707*, London: Cambridge University Press, 1910, pp.195 - 196。

92. 参见《联合条约》以及《联合法案》第 18 条。

93. 参见《联合条约》以及《联合法案》第 19 - 21 条。James Mackinnon, *The Union of England and Scotland*, pp.231 - 233.

94. 以上数据源于 James Mackinnon, *The Union of England and Scotland*, p.234；亦可参 William Ferguson, *Scotland's Relations,* p.236。

95.《联合法案》第 15 条。James Mackinnon, *The Union of England and Scotland*, p.236; William Ferguson, *Scotland's Relations,* p.235.

96. A. Dicey, *Thoughts on the Union between England and Scotland,* London: McMillan, 1920, pp.238 - 240.

97. William Ferguson, *Scotland's Relations,* p.238.

98. A. Dicey, *Thoughts on the Union between England and Scotland,* London: McMillan, 1920, p.205.

尾 论

《圣经》记载了一个巴别塔的故事。当时全世界民众的口音言语都是一样的。他们往东边迁移的时候遇见一片平原就住在那里。他们彼此商量说要建造一座城和一座塔,通天塔。上帝看到人类的所为,担心人类将来就无所不能了。于是他就变乱人类的口音,使他们的言语彼此不通,并使他们从那里分散在全地上。因为上帝在那里变乱天下人的言语、使众人分散在全地上。巴别塔的故事描述的就是原初自由、离散的人类为了过一种共同生活(或者说政治生活)而进行联合而付出的努力。

《圣经》所代表的犹太-基督教传统下的这种叙事在古希腊世界同样存在。正如导论中所提到的,古希腊城邦世界所代表的民主与自由以及罗马所代表的帝国是西方世界政治发展的两极。雅典所代表的古希腊城邦世界没能发展出凯撒主义的帝国形态,古希腊城邦世界的相互斗争以及在波斯帝国的干预下,雅典城邦未能实现自由帝国的梦想。在思索古典城邦时代的政治困境时,马基雅维利给出的药方是《君主论》中的新君主。然而,古希腊的习俗、传统与思想传统发展不出凯撒式的人物更诞生不了马基雅维利笔下的新君主。现代主权国家的领土规模既不如古代城邦那般狭小,亦不像罗马帝国那么庞大,其政治形态也是在城邦与帝国所代表的自由与权威之间平衡而实现的。

较之于通过议会辩论的形式，依靠武力征服的权威形式无疑更加便利。这是马基雅维利《君主论》中极力向其当代君主们推荐的办法。例如德意志的统一在某种程度上就是如此。1862年，在当选为首相之后不久，在一次著名的演说中，俾斯麦认为在普鲁士领导下的德意志的统一将塑造一个排除了奥地利的新的德意志帝国。因此，普鲁士必须武装起来，他告诉议会，"裁断时代伟大问题的不是演说也不是多数人的决定，而是铁与血，试图依靠演说和多数人的决定来做出决断是1848－49年期间人们犯下的最大错误。"议会拒绝批准军费给俾斯麦，俾斯麦绕过了议会获得财政支持，推翻了议会的权威。经过普丹战争、普奥战争、普法战争等一系列的战争之后，1871年，普鲁士国王威廉一世在法国凡尔赛宫被加冕为全德意志的国王。这个新的德意志帝国——凯撒帝国或者说君主帝国成功地统一了德意志。暴力的手段取代了过去几十年间在议会、国家官僚阶层、社会民间沙龙以及媒体舆论上关于德意志民族统一问题的讨论。确实，几乎在一夜之间，曾经被认为是一个复杂的政治问题就通过武力征服而简单地解决了。

通过普鲁士的军事实力统一在一起的德意志国家，在政治形态上也走上了一条权威主义道路。俾斯麦对新的德意志帝国的政治体制改革，确保了德意志帝国权威主义的政体。虽然俾斯麦进行了一些民主性质的改革，例如确立了两院制的帝国议会，有一个其代表通过男性普选而得出的下院即帝国下院（reichstag），并且也允许政治党派的存在。不过，他谨慎地确保普鲁士在新的宪政体制内能够拥有足够的控制力量。例如，所有的立法都必须通过一个联邦上议院（Bundesrat），一个由德意志国王任命的代表组成的联邦委员会，这样就能够有效地阻碍自由派的改革。同时普鲁士皇帝以及他的首席大臣俾斯麦也拥有广泛的行政权。根据帝国宪制，首相实质上监督了所有的政府行为,并拥有独断的通过立法的权威。尤其重要的是普鲁士在帝国参议院中具有否决权。根据帝国宪法,只需要 14 票就足以阻碍宪制变革的通过,而普鲁士在帝国参议院中拥有 17 个席位。因此,尽管德意志的其他邦都仍然是主权实体,但是其大部分功能包括立法、外交决策以及发行货币等权力都必须通过普鲁士控制着的帝国政府来完成。[1]

然而,在普鲁士的强力领导下,德意志虽然世界实现了统一,但它并未一劳永逸地解决德意志世界内在的诸多诸如民族、政治国家的建构问题。德意志帝国内部各邦之间复杂的关系,南部的天主教诸邦依然视奥地利为领袖,而北部霍尔斯泰因、石益苏勒格,西部阿尔萨斯和洛林等地区的离心力量仍然十分强大。在政治国家的建构方面,德意志世界更是经历了两次世界大战的剧烈动荡和创痛之后才得以完成。

1707 年英格兰与苏格兰的议会联合既统一了不列颠岛,同时也真正稳固了 1689 年光荣革命所确立的以民权与自由为目的的议会主权、议会政府体制。与普鲁士统一德意志截然不同的是,英格兰与苏格兰的联合并非是两国在中世纪长达百年之久的相互征伐的继续,它最终是在议会主权的体系下通过两国议会的联合法案实现;并且其大背景并非英格兰对苏格兰的武力征服,而是苏格兰急切地想要分享英格兰的商贸利益。与此相连的是,英格兰与苏格兰的联合统一了不列颠岛,使得英国成为一个名副其实的岛国,因此也就不需要维持常备军抵抗边疆地区的骚扰。英国从此能够更加专注于发展海军,以保证岛国的安全,同时也保护英国在海外领地和殖民地的商贸利益,并以此为基础发展壮大成一个海权帝国。议会主权体系下的议会联合、商贸利益以及海权这些都确保了政治自由在两国联合后新的国家中的存续。

曾经盛赞英国的孟德斯鸠曾经将英国与古代雅典城邦相比。不过，英国的命运迥异于雅典城邦。雅典城邦命断于帝国的前夜，而英国却有足够的命数长成一个自由帝国，并经历了其衰落与转移。而此中奥秘尽在其政治体制上所具有之强大的生命力。从此，以海权为基础的自由帝国成为人类自由与民主的捍卫者，分别在两次世界大战中同权威主义政体以及极权主义政体对抗。

注释

1. Jason Coy, *A brief history of Germany*, New York: Facts On File, Inc., 2011, p.140.以及 Martin Kitchen, *A history of modern Germany, 1800 – 2000*, Blackwell Publishing Ltd, 2006.

参考文献[1]

中文著作:

[英]戴雪:《英宪精义》,雷宾南译,北京:中国法制出版社,2001 年

[英]戴雪:《公共舆论的力量——19 世纪英国的法律与公共舆论》,戴鹏飞译,上海:上海人民出版社,2014 年

[英]杰佛里:《不列颠诸王史》,陈默译,广西师范大学出版社,2009 年

[英]约翰·福蒂斯丘:《论英格兰的法律与政制》,袁瑜琤译,北京:北京大学出版社,2008 年

[英]詹姆斯一世:《国王詹姆斯政治著作选》,萨默维尔编,北京:中国政法大学出版社,2003 年

[英]大卫·休谟:《英国史》(1 - 6 卷),刘仲敬译,长春:吉林出版集团

[英]布莱克斯通:《英国法释义》,游云庭等译,上海:上海人民出版社,2006 年

[法]孟德斯鸠:《论法的精神》,张雁深译,北京:商务印书馆,1982 年

[英]爱德蒙·柏克:《美洲三书》,缪哲译,北京:商务印书馆,2005 年

[英]边沁:《政府片论》,沈叔平等译,北京:商务印书馆,1995年

[英]白泽特:《英国宪法》,夏彦才译,北京:商务印书馆,2010年

[英]梅特兰:《国家、信托与法人》,樊安译,北京:北京大学出版社,2008年

[英]梅特兰:《英格兰宪政史》,李红海译,北京:中国政法大学出版社,2010年

[英]亨利·梅因:《早期制度史讲义》冯克利、吴其亮译,上海:复旦大学出版社,2012年

[英]查尔斯·弗思:《克伦威尔传》,王觉非、左宜译,北京:商务印书馆,2002年

[英]彼得·拉斯莱特:《洛克〈政府论〉导论》,冯克利译,北京:三联书店,2007年

[美]斯托纳:《普通法与自由主义理论》,秋风译,北京:北京大学出版社,2005年

[美]麦基文:《宪政古今》,翟小波译,贵阳:贵州人民出版社,2004年

[美]斯科特·戈登:《控制国家——从古代雅典到今天的宪政史》,应奇等译,南京:江苏人民出版社,2005年

[比]范·卡内冈:《英国普通法的诞生》,李红海译,北京:中国政法大学出版社,2003年

[英]爱德华·甄克斯:《中世纪的法律与政治》,屈文生、任海涛译,北京:中国政法大学出版社,2010年

[爱]艾德蒙·柯蒂斯:《爱尔兰史》,江苏师范学院翻译组译,南京:江苏人民出版社,1974年

[美]克里斯托弗·斯奈德:《不列颠人:传说和历史》,范勇鹏译,北京:北京大学出版社,2009年

[英]波考克:《德行、商业与历史》,冯克利译,北京:三联书店,2012 年

[美]约瑟夫·斯特雷耶:《现代国家的起源》,宗福常等译,上海:格致出版社,2011 年

[法]费尔南·布罗代尔:《地中海与菲利普二世时代的地中海世界》,唐家龙、吴模信等译,北京:商务印书馆,1996 年

[英]芬纳:《统治史》(卷一),马百亮、王震译,上海:华东师范大学出版社,2010 年

[英]弗格森:希腊帝国主义,晏绍祥译,上海:三联书店,2005 年

[英]奥斯温·默里:《早期希腊》(第 2 版),晏绍祥译,上海:上海人民出版社,2008 年

[古希腊]亚里士多德:《雅典政制》,日知、力野译,上海:上海人民出版社,2011 年

[英]安德森:《从古代到封建主义的过渡》,郭方、刘健译,上海:上海人民出版社,2011 年

[美]戴维斯:《民主政治与古典希腊》,黄洋、宋可即译,上海:上海人民出版社,2010 年

[英]马丁·洛克林:《公法与政治理论》,郑戈译,北京:商务印书馆,2013 年

林国基:《神义论语境中的社会契约论传统》,上海:华东师范大学出版社,2005 年版

林国基等主编:《海国图志》集刊 1 - 10 辑,上海:上海人民出版社

郑成良:《法律之内的正义:一个关于司法公正的法律实证主义解读》,北京:法律出版社,2002 年

郑成良:《司法推理与法官思维》,北京:法律出版社,2010 年

季卫东:《法律程序的意义》,北京:中国法制出版社,2012 年

季卫东:《法治构图》,北京:法律出版社,2012 年

范进学:《宪法解释的理论建构》,山东:山东人民出版社,2004 年

范进学:《法理学问题》,上海:上海三联书店,2013 年

郑戈:《法律与现代人的命运:马克斯·韦伯法律思想研究导论》,北京:法律出版社,2006 年

李学尧:《法律职业主义》,北京:中国政法大学出版社,2007 年

杨力:《司法多边主义》,北京:法律出版社,2010

杨力:《社会学视野下的法律秩序》,山东:山东人民出版社,2006 年

何永红:《戴雪宪法理论研究》,北京:知识产权出版社,2014 年

英文著作:

George Moore, *The History of the British Revolution of 1688 - 89*, London: Longman Press, 1817

Thomas Macaulay, *The History of England from the Accession of James II*, ed. C.H. Firth, vol.3, pp.1308 - 10, London, 1913 - 1915

A. Dicey, *A Fool's Paradise*, London: McMillan, 1913

A. Dicey, Robert Rait, *Thoughts on the Union between England and Scotland*, London: McMillan, 1920

A. Dicey, *The Privy Council*, London: McMillan, 1887

Samuel Gardiner, *History of England from the accession of James I. to the outbreak of the civil war 1603 - 1642*, London: Longmans Press, 1883

S. Gardiner, *The First Two Stuarts and the Puritan Revolution*, New York: Charles Scribner Sons, 1895

S. Gardiner, ed. *The Constitutional Documents of the Puritan Revolution 1625 - 1660*, Oxford: Clarendon Press, 1899

Robert Rait, *An Outline of the Relations between England and Scotland,* London: Blackie & Son Press, 1901

Robert Rait, *The Scottish Parliament Before the Union of the Crowns*, London: Blackie & son, 1901

Robert. Rait, *The Making of the Nations: Scotland*, London: Adam & Charles Black Press, 1911

James Mackinnon, *The Union of England and Scotland*, London: Longmans Press, 1907

William Ferguson, *Scotland's Relations with England: A Survey to 1707,* Edinburgh: John Donald Publishers, 1977

G.W.T. Omond, *The Early History of Scotland Union Question*, Edinburgh & London: O. Anderson & Ferrier Press, 1906

C.C. Weston, *Subjects and Sovereigns: The Grand Controversy over Legal Sovereignty in Stuart England*, London: Cambridge University Press, 1981

Maurice Lee, *The Cabal*, Urbana: University of Illinois Press, 1965

Tim Harris, *Revolution: The Great Crisis of the British Monarchy, 1685 - 1720*, New York: Penguin Group, 2006

J.P. Kenyon, *Stuart Constitution 1603 - 1688: Documents and commentary*, London: Cambridge University Press, 1986

J.P. Kenyon, *Revolution Principles*, London: Cambridge University Press, 1990.

J.H. Plumb, *The Growth of Political Stability in England,* London: MacMillan Press, 1967

Tim Harris, *Restoration: Charles II and his Kingdoms 1660 - 1685*, New York: Penguin Group, 2005

J.C.D. Clark, *The Language of Liberty 1660 - 1832: Political Discourse and Social Dynamics in the Anglo-American World, 1660 - 1832*, London: Cambridge University Press, 1994

Maurice Ashley, *The Glorious Revolution of 1688*, London: Hodder & Stoughton, 1967

Jeffrey Goldsworthy, *The Sovereignty of Parliament: History and Theory*, London: Clarendon Press, 2001

Joyce Malcolm, ed., *The Struggle for Sovereignty: Seventeenth-century English Political Tracts*, 2 Vols., Indianapolis: Liberty Fund, 1999

Geoffrey Holmes, *British Politics in the age of Anne*, London: The Hambledon Press, 1987

Theodora Keith, *Commercial Relationship of England and Scotland, 1603 - 1707*, London: Cambridge University Press, 1910

Allan Macinnes, *Union and Empire: the Making of the United Kingdom in 1707*, London: Cambridge University Press, 2007

Brian Levack, *The Formation of the British State: England, Scotland, and the Union 1603 - 1707*, Oxford: Clarendon Press, 1987

Ernst Kantorowicz, *The King's Two Bodies: A Study in Mediaeval Political Theology*, New Jersey: Princeton University Press, 1997

Keith Brown, *Kingdom or Province? Scotland and the Regal Union, 1603 - 1715*, London: Macmillan, 1992

James Burns, *The True Law of Kingship: concepts of Monarchy in Early Modern Scotland*, Oxford: Clarendon Press, 1996

Roger Mason, ed., *Scots and Britons: Scottish Political Thought and the Union of 1603*, London: Cambridge University Press, 2006

G.R. Elton, *Studies in Tudor and Stuart Politics and Government*, 4 vols, London: Cambridge University Press, 2003

W. Notestein, The Winning of the Initiative by the House of Commons, London: British Academy, 1924

W. Notestein, The English People on the eve of colonization, New York: Harper & Row, 1954

Austin Woolrych, *Britain in Revolution: 1625 – 1660*, London: Oxford University Press, 2002

J.W. Allen, *English Political Thought 1603 – 1660*, London: Methuen, 1938

Nicholas Phillipson, Quentin Skinner, ed., *Political Discourse in Early Modern Britain*, London: Cambridge University Press, 1993

Colin Kidd, *Union and Unionisms: Political Thought in Scotland, 1500 – 2000*, London: Cambridge University Press, 2008

H.R. Trevor Roper, *The Crisis of the Seventeenth Century*, New York: Harper & Row, 1967

C.E. Wade, *John Pym*, London: Sir Isaac Pitman & Sons, 1912

S. Terry, ed., *Cromwellian Union: Papers Relating to the Negotiations for an Incorporating Union between England and Scotland*, Edinburgh: Edinburgh University Press, 1902

Ernest R. Holloway, *Andrew Melville and humanism in Renaissance Scotland, 1545 – 1622*, Leiden: Koninklijke Brill NV, 2011

George Sayles, *The King's Parliament of England*, London: Norton Company, 1974

J.W. Horrocks, *A Short History of Mercantilism*, London: Methuen & CO. LTD, 1925

Bernard Semmel, *The Rise of Free Trade Imperialism*, London: Cambridge University Press, 1970

George Denison, *The Struggle for Imperial Unity*, London: The MacMillan Company, New York, 1909

Fritz Kern, *Kingship and Law in the Middle Ages*, Translated by S. Chrimes, Oxford: Basil Blackwell, 1956

David Armitage, *The Ideological Origins of the British Empire,* London, Cambridge University Press, 2000.

Jason Coy, *A brief history of Germany*, New York: Facts On File, Inc., 2011

Martin Kitchen, *A history of modern Germany, 1800 -2000*, Blackwell Publishing Ltd, 2006

论文：

赵立新:《近代早期英格兰与苏格兰联合问题研究》,博士论文,东北师范大学,2003

王磊,"1707年英格兰与苏格兰合并及其启示",《世界民族》,2007年,第4期

李丽颖,"英格兰与苏格兰合并的历史渊源",《史学集刊》,2011年,第2期

李丽颖,"英格兰与苏格兰合并过程中的宗教问题",《世界宗教研究》,2011年,第2期

Francis Oakley, Jacobean Political Theology: The Absolute and Ordinary Powers of the King, *Journal of the History of Ideas*, Vol.29, No.3

Johann Summerville, "English and European Political Ideas in the Early Seventeenth Century: Revisionism and the Case of Absolutism", *Journal of British Studies*, Vol.35, No.2

Akihiro Yamada, "The Printing of King James I's *The True Law of*

Free Monarchies", *Poetica*, 23(1986)

C.C. Weston, Beginnings of the Classical Theory of the English Constitution, *Proceedings of the American Philosophical Society*, Vol.100, No.2 (Apr.23, 1956)

George L. Mosse, Change and Continuity in the Tudor Constitution, *Speculum*, Vol.22, No.1(Jan., 1947), pp.18 - 28

Lotte Mulligan, Peace Negotiations, Politics and the Committee of Both Kingdoms, 1644 - 1646, *The Historical Journal*, Vol. 12, No. 1 (1969), pp.3 - 22

Mary White, "Greek Tyranny", *Phoenix*, Vol. 9, No. 1 (Spring, 1955), pp.1 - 18

Lois G. Schwoerer, "Locke, Lockean Ideas, and the Glorious Revolution", *Journal of the History of Ideas*, Vol.51, No.4, pp.531 - 548

注释

1. 此参考文献仅列举出本文引用过的文献。

致 谢

行文至此终于可以暂时告一段落。

本文得以完成，首先自然要感谢我的导师林国基教授与郑成良教授。正是林老师与郑老师的宽容与理解，我才得以在知识的海洋里恣肆遨游；然而，也正是由于二位老师善意的提醒与细心的指导，我才得以避免迷失在知识的海洋里。感谢二位导师在我学习生涯中给过我的莫大帮助，有你们的支持，才使我顺利完成博士生的学习生涯。感谢他们从我开题到论文写作，到最后答辩过程中对我的指导与肯定。

博士生涯是学生生涯的最后阶段。站在这条漫长而又充满艰辛与快乐的求学道路上回望过去，最令人潸然泪下，最应当感激的无疑是我的父亲与母亲。在这条道路的起点上，他们仍然是英俊的帅小伙与貌美的年轻妈妈；而在这条道路的终点时，他们都已垂垂老矣，脸庞爬满皱纹。感谢爸妈在这条道路上为我付出的爱与理解，感谢你们一路的支持、等待与期盼！

在博士生涯以及论文写作过程中，许多师长、同学给过我巨大的帮助与关怀。这里特别要提及林国华、林国荣老师以及王恒师兄。没有你们的指导、关怀与支持，我的论文也不能完成得如此顺利。感谢图书馆馆际互借的老师，每次都及时地为我提供了资料；感谢 Franz Haemmerle 先生，感谢我的妹妹为我带回的资料。感谢蔡乐钊师兄、郑凡、杨顺、傅强师弟在许多次的谈论与读书会中给我的建议与启发。还有交大凯源法学院的老师同学们，以及其他许多师长、同学为我提供了帮助，这里都无法一一提及，只能一并谢过。

最后要感谢我的妻子王宜女士。感谢你选择并陪伴在我的身边，支持我，为我的生活带来的点滴乐趣。

对知识的渴求是生命中最高贵的一种欲望，并能使生命永远充满着激情；求知之生涯路漫漫，惟愿此文乃是这样一种生活颇有助益的起点，而非终点。

戴鹏飞

2015年6月6日

于上海

图书在版编目（CIP）数据

自由与联合：论1707年英格兰与苏格兰的议会联合/ 戴鹏飞著. —上海：
上海三联书店，2020. 3
（海国图志 / 林国基主编）
ISBN 978-7-5426- 6803-5

I. ①自… II. ①戴… III. ①宪法-法制史-研究-英国
IV. ① D956.11

中国版本图书馆CIP数据核字（2020）第225422号

自由与联合——论1707年英格兰与苏格兰的议会联合

著　　者 / 戴鹏飞
责任编辑 / 程　力
特约编辑 / 马健荣
装帧设计 / 王小阳工作室
监　　制 / 姚　军
责任校对 / 周广宏
出版发行 / 上海三联书店
（200030）中国上海市徐汇区漕溪北路331号中金国际广场A座6楼
邮购电话 / 021-22895540
印　　刷 / 上海望新印刷有限公司
版　　次 / 2020年12月第1版
印　　次 / 2020年12月第1次印刷
开　　本 / 890×1240 1/32
字　　数 / 173千字
印　　张 / 6.25
书　　号 / ISBN 978-7-5426-6803-5/D· 472
定　　价 / 30.00元
敬启读者，如发现本书有印装质量问题，请与印刷厂联系021-54975552